Heike Niemoeller

MIX MIT!

55 Rezepte für meinen Thermomix

BACKEN

Kuchen, Kekse, Brot und mehr

Heike Niemoeller

MIX MIT!

55 Rezepte für
meinen Thermomix

BACKEN

Kuchen, Kekse, Brot und mehr

EMF

EIN BUCH DER
EDITION MICHAEL FISCHER

INHALT

FRÜHSTÜCK & TO GO

KAFFEE & KUCHEN

ABENDESSEN & SNACKS

VORWORT

Auf den nächsten Seiten möchte ich Sie zu mir nach Hause einladen. Ich möchte Ihnen meine Lieblingskuchen servieren, die mir schon meine Oma gebacken hat. Viele der Rezepte in diesem Buch sind alte Familienrezepte, bei denen ich mit den Zutaten gespielt habe, um sie etwas gesünder zu machen.

Apropos gesünder: Sie werden merken, dass ich relativ wenig Zucker verwende und dann auch meistens Rohrohrzucker. Eine bewusste Entscheidung, um ein süßes Rezept ein wenig gesünder und nahrhafter zu machen. Wer es lieber etwas süßer mag, muss den einen oder anderen Esslöffel Zucker hinzugeben.

Außerdem verwende ich keine „Fertigprodukte“ wie Vanillin, Backaromafläschchen oder Puddingpulver. Ich versuche, die Zutaten für meine Rezepte so clean wie möglich zu halten. Für einen guten Geschmack braucht es meiner Meinung nach Vollmilch, Butter, Vanillemark direkt aus der Schote oder die Schale einer frischen Zitrone. Ganz so wie früher bei Oma. Überall dort, wo Sie versuchen, Fett zu ersetzen, um ein paar Kalorien zu sparen, müssen Sie etwas anderes für den verlorenen Geschmack hinzufügen und das ist sehr oft Zucker. Da beißt sich die Katze dann irgendwie selbst in den Schwanz.

Ich bin zwar keine Ökotrophologin, aber ich interessiere mich seit Langem für Ernährung und bin für mich zu dem Entschluss gekommen, dass ich so wenig Zusatzstoffe und verarbeitete Lebensmittel in meiner Nahrung haben möchte wie möglich. Beim Backen brauchen wir ab und zu Backpulver, also auch ein verarbeitetes Lebensmittel. Dann versuche ich, auf die natürlichere Alternative auszuweichen, wie zum Beispiel auf phosphatfreies Weinsteinbackpulver.

Ich wünsche Ihnen beim Backen der Rezepte ganz viel Spaß und natürlich auch beim gemeinsamen Essen mit Ihrer Familie und Ihren Freunden. Denn in guter Gesellschaft schmeckt alles noch viel besser.

Ihre Heike Niemoeller

TIPPS & TRICKS

1.

KLEBRIGEN HEFETEIG AUS DEM MIXTOPF LÖSEN

Bevor Sie den Teig entnehmen, geben Sie einen Esslöffel Mehl durch die Deckelöffnung und lassen Sie den Thermomix noch einmal kurz auf der Teigknetstufe laufen, bis Sie hören, dass sich der Teig vom Rand gelöst hat.

2.

SCHWEREN TEIG ENTNEHMEN

Drehen Sie den Mixtopf auf den Kopf und bewegen Sie ihn mit leichtem Schwung von unten nach oben, so lassen Sie die Schwerkraft für sich arbeiten und der Teig fällt auf die Arbeitsfläche. Zur Unterstützung können Sie noch von unten an der Messerschraube drehen.

3.

KÄSE REIBEN OHNE KLEBEN?

Spülen Sie den Mixtopf mit kalten Wasser durch und lassen Sie ihn von innen leicht feucht. Geben Sie nun den in Stücke geschnittenen Käse in den Mixtopf und zerkleinern Sie ihn.

4.

FRISCHE HEFE

Sie können Hefe sehr gut einfrieren und sie so länger haltbar machen. Beim Zubereiten von Hefeteig den gefrorenen Hefewürfel in den Mixtopf geben und die Zeit von 2 Minuten auf 4 Minuten erhöhen.

5.

TEIG, DER NICHT RAUS MÖCHTE

Es gibt Teig, der partout nicht aus dem Mixtopf raus möchte. Drehen Sie den Mixtopf auf den Kopf und schrauben Sie den Fuß des Thermomix ab. Jetzt fällt der Teig samt Messer aus dem Mixtopf.

6.

TEIG VOM MESSER LÖSEN?

Klebt noch Teig am Messer, ein paar Sekunden die Turbotaste drücken. Der Teig wird an die Wände des Mixtopfes geschleudert und Sie können ihn mit dem Spatel entnehmen.

7.

REINIGUNG DES MESSERS

Es gibt Teige, die das Messer sehr verkleben, gerade zwischen Dichtring und Klingen sitzen dann oft hartnäckige Reste. Nehmen Sie hierfür eine schmale Flaschenbürste, die genau in den engen Spalt passt.

8.

MIXTOPF REINIGEN

Von Zeit zu Zeit hat der Mixtopf eine intensivere Reinigung nötig. Nachdem Sie ihn vorgespült haben, geben Sie ein bis zwei Esslöffel Natron und einen Spritzer Spülmittel in den feuchten Mixtopf. Mit einem feuchten Schwamm verreiben Sie alles ordentlich und lassen die Paste etwa eine halbe Stunde bis Stunde einwirken. Anschließend mit warmem Wasser fertig spülen, bei angebrannten Resten müssen Sie eventuell noch ein wenig schrubben.

9.

NICHT VERZWEIFELN

Manche Rezepte wollen beim ersten Mal einfach nicht gelingen, ich weiß gar nicht mehr, wie oft ich den Zitronen-Thymian-Kuchen gebacken habe, bis er perfekt war. Nicht verzweifeln, sondern das Beste aus dem „verunglückten“ Backversuch machen. Freuen Sie sich einfach darauf, das Rezept noch einmal auszuprobieren.

FRÜHSTÜCK & TO GO

Bei diesen leckeren Rezepten für Frühstück und unterwegs ist für alle etwas dabei, ob herzhaft oder süß. Köstliche Brioche, Brötchen und Handpies versüßen Ihnen das Aufstehen!

BLAUBEER-MÜSLIRIEGEL

Starten wir mit etwas Gesundem für den kleinen Hunger zwischendurch oder auch zum Frühstück mit einem großen Smoothie dazu. Die Riegel sind eher weich, haben aber durch die Kürbiskerne einen angenehm festen Biss.

ZUTATEN

FÜR DIE BASIS

10 g Kokosbutter
2 reife Bananen
150 g kernige Haferflocken
150 g Mandelblättchen
60 g Kokosblütensirup (alternativ Reissirup oder Honig)
¼ TL Meersalz
1 TL Pumpkin Pie Spice (alternativ Zimt)

FÜR DEN BELAG

100 g ungesüßtes Apfelmus
30 g Kokosblütensirup (alternativ Reissirup oder Honig)
5 g Kokosbutter
50 g Kürbiskerne
5 g Chiasamen
100 g Blaubeeren

AUSSERDEM

neutrales Pflanzenöl für die Form

SO GEHT'S

20 STÜCK

1. Den Backofen auf 150 °C Umluft vorheizen.
2. Für die Basis der Müsliriegel die Kokosbutter in den Mixtopf geben und **20 Sekunden/37 °C/Stufe 2** erwärmen.
3. Die beiden Bananen in den Mixtopf geben, **5 Sekunden/Stufe 4** pürieren.
4. Die restlichen Zutaten für die Basis hinzugeben und **15 Sekunden/Stufe 6** zu einer Art Teig vermischen.
5. Ein kleines Backblech (etwa 25 x 40 cm) mit Backpapier auslegen, das Backpapier dünn mit Öl bestreichen.
6. Die Müsliriegelbasis auf das Backblech geben, flach andrücken und 15 Minuten im vorgeheizten Backofen auf der mittleren Schiene backen.
7. Währenddessen für den Belag das Apfelmus, den Kokosblütensirup und die Kokosbutter in den Mixtopf einwiegen, **5 Minuten/80 °C/Stufe 2** erhitzen.
8. Mandelblättchen, Kürbiskerne, Chiasamen hinzugeben und **10 Sekunden/Linkslauf/Stufe 1** vermischen.
9. Das Backblech aus dem Ofen nehmen, den Belag darauf gleichmäßig verteilen und anschließend mit den Blaubeeren bestreuen. Den Belag vorsichtig mit den Händen festdrücken.
10. Die Müsliriegel weitere 15 Minuten bei 150 °C Umluft fertig backen.
11. Nach dem Abkühlen in Riegel schneiden und im Kühlschrank bis zu einer Woche aufbewahren.

TIPP

PUMPKIN SPICE

10 g Zimt, 5 g gemahlener Ingwer, 15 g Muskat, 1 TL gemahlene Nelken in ein Schraubglas füllen und gut schütteln.

ERDBEER-HANDPIES

Diese kleinen fruchtigen Happen sind gut vorzubereiten und versüßen Ihnen den Morgen. Auf dem Brötchenaufsatz des Toasters kurz aufknuspern, dann schmecken sie so gut wie frisch gebacken.

18 STÜCK

ZUTATEN

FÜR DEN TEIG

150 g Dinkelvollkornmehl
100 g Dinkelmehl Type 1050
150 g Butter
¼ TL Meersalz
2 Bio-Eier
100 g Rohrohrzucker

FÜR DEN BELAG

400 g frische Erdbeeren
2 EL Stärkemehl
Mark einer halben Vanilleschote

AUSSERDEM

1 Bio-Ei

SO GEHT'S

1. Alle Zutaten für den Teig in den Mixtopf einwiegen und **10 Sekunden/ Stufe 5** verrühren.

2. Den Teig auf die Arbeitsfläche kippen und mit der Hand kneten, bis sich eine Kugel formen lässt.

3. Die Teigkugel abgedeckt für eine Stunde in den Kühlschrank geben.

4. Die Erdbeeren in kleine Stückchen schneiden, mit Stärkemehl und Vanillemark in einer Schüssel vermengen.

5. Das Ei aufschlagen und mit 2 Esslöffeln Wasser verrühren.

6. Den Teig ungefähr 3 mm dünn ausrollen und rund ausstechen. Meine Teigkreise hatten einen Durchmesser von 10 cm.

7. Jeweils einen Löffel Erdbeerfüllung auf die Mitte jedes Teigkreises setzen und den Rand mit etwas verrührtem Ei bestreichen.

8. Den Teigkreis mittig falten und den Rand vorsichtig mit einer Kuchengabel zudrücken.

9. Die gefüllten Teiglinge auf ein mit Backpapier ausgelegtes Backblech legen und dünn mit verrührtem Ei bestreichen.

10. Im vorgeheizten Backofen bei 180 °C Ober-/Unterhitze 20–25 Minuten goldbraun backen.

TIPP

Gerade keine Erdbeerzeit? Füllen Sie die Handpies mit klein gewürfelten Äpfel vermischt mit etwas Zimt.

LE CREUSET

PFANNKUCHEN MIT BROMBEEREN

Eierpfannkuchen sind seit Kindheitstagen mein Leibgericht. Nur leider dauert es so lange, bis alle Pfannkuchen gebraten sind, schneller geht es im Backofen. Am Wochenende mache ich sie zum Frühstück mit ein paar Schüsseln frischem Obst dazu.

2 STÜCK (AUS DER PFANNE)
6 STÜCK (IN KLEINEN FÖRMCHEN)

ZUTATEN

FÜR DEN TEIG

2 EL Butter für die Pfanne

250 ml Milch

3 Bio-Eier

150 g Dinkelmehl Type 1050

2 EL selbst gemachter Vanillezucker

¼ TL Meersalz

ZUM ANRICHTEN

250 g Brombeeren

Puderzucker

AUSSERDEM

1 große Pfanne oder 6 kleine, hitzebeständige Förmchen

Butter und Mehl für die Form

SO GEHT'S

1. Den Backofen auf 180 °C Umluft vorheizen.

2. In eine backofengeeignete Pfanne oder Form die Butter geben und in den Backofen stellen.

3. Alle weiteren Zutaten für den Teig in den Mixtopf einwiegen und **30 Sekunden/Stufe 4** verrühren.

4. Sobald die Pfanne heiß ist, den Teig hineingießen und 20 Minuten backen.

5. Sobald der Pfannkuchen hochgegangen und goldbraun gebacken ist, herausnehmen.

6. Kurz abkühlen lassen, mit Puderzucker bestäuben und frischen Brombeeren servieren.

TIPP

Vor dem Teig einen halben in kleine Stücke geschnittenen Apfel in die Pfanne geben und ein paar Minuten backen. Anschließend den Teig einfüllen und fertig backen.

HOT CROSS BUNS

Diese Milchbrötchen werden traditionell Ostern gegessen und heißen bei uns eigentlich Heißwecken. Sie können sie mit oder ohne Rosinen backen, ich mag sie auch sehr gerne mit gehackter Zartbitterschokolade oder blanchierten gehackten Mandeln.

15 STÜCK

ZUTATEN

½ Würfel frische Hefe
100 g Wasser
60 g Rohrohrzucker
250 g Milch
1 Bio-Ei
550 g Weizenmehl Type 550
½ TL Salz
½ TL Zimt
100 g Rosinen

AUSSERDEM

50 g Wasser
50 g Weizenmehl Type 405
Butter für das Blech

SO GEHT'S

1. Hefe, Wasser und Zucker in den Mixtopf einwiegen und **1 Minute/37 °C/ Stufe 2** verrühren.

2. Das Hefewasser 5 Minuten stehen lassen.

3. Milch, Ei, Mehl, Salz und Zimt zugeben und **6 Minuten/Teigknetstufe**.

4. Rosinen einwiegen und weitere **30 Sekunden/Teigknetstufe**.

5. Den Teig in eine Schüssel umfüllen und abgedeckt 60 Minuten an einem warmen Ort gehen lassen.

6. Nachdem sich der Teig verdoppelt hat, auf eine leicht bemehlte Arbeitsfläche geben und zu einer Rolle formen. 15 Teigstücke à 80 g abstechen.

7. Die Teigstücke zu Kugeln formen und auf ein gebuttertes Blech legen. Mein Blech ist 20 cm x 30 cm groß und ich lege 3 Kugeln nebeneinander in 5 Reihen auf das Blech.

8. Das Blech mit einem sauberen Küchentuch abdecken und 60 Minuten gehen lassen. Die Teigkugeln sollten sich nun alle berühren, falls nicht, weitere 30 Minuten gehen lassen.

9. Wasser und Mehl in den Mixtopf geben und **20 Sekunden/Stufe 3** verrühren. In einen Spritzbeutel mit sehr dünner Tülle, alternativ in eine kleine Tüte füllen und eine Ecke knapp abschneiden. Die Mehlmischung kreuzförmig auf die Brötchen auftragen.

10. Die Hot Cross Buns im vorgeheizten Backofen bei **200 °C Ober-/Unterhitze** auf der zweiten Schiene von unten 20 Minuten backen.

MALLORQUINISCHE FRÜHSTÜCKSSCHNECKE

Dieses Rezept ist ein wenig aufwendiger und der Teig muss zweimal gehen, aber das Warten lohnt sich. Diese süße Hefeschnecke ist innen ganz zart und unten schön knusprig. Dies klappt allerdings nur, wenn Sie sie auf einem gebutterten Backblech backen, auf Backpapier bleibt sie von unten eher weich.

ZUTATEN

2 SCHNECKEN

FÜR DEN TEIG

½ Würfel frische Hefe
100 g Rohrohrzucker
200 g Milch
2 Bio-Eier
500 g Dinkelmehl Type 630
Meersalz

FÜR DIE FÜLLUNG

100 g sehr weiche Butter
20 g Light Brown Sugar (alternativ Rohrohrzucker)

AUSSERDEM

Butter für das Blech

SO GEHT'S

1. Hefe, Zucker und Milch in den Mixtopf geben und **2 Minuten/37 °C/Stufe 2** verrühren. Die Hefemilch 5 Minuten ziehen lassen.

2. Eier, Mehl und Salz zugeben und **3 Minuten/Teigknetstufe** verkneten.

3. Den Teig in eine Schüssel umfüllen und zugedeckt 60 Minuten gehen lassen.

4. Den Teig auf einer gut bemehlten Arbeitsfläche zu einem Rechteck von ungefähr 30 cm x 50 cm ausrollen.

5. Den Teig gleichmäßig mit der weichen Butter bestreichen und dünn mit Zucker bestreuen, von der schmalen Seite her aufrollen.

6. Die Teigrolle zuerst mit den Händen, anschließend mit einem Nudelholz vorsichtig flach drücken, bis ein Rechteck von der Größe 20 cm x 60 cm entstanden ist. Dieses Rechteck von der breiten Seite her aufrollen und die Rolle auf einem gut gebutterten Backblech zu einer Schnecke legen.

7. Das Backblech mit einem sauberen Geschirrtuch abdecken und weitere 60 Minuten an einem warmen Ort gehen lassen, bis sich die Schnecke verdoppelt hat.

8. Die Frühstücksschnecke ungefähr 30 Minuten im vorgeheizten Backofen bei 180 °C Ober-/Unterhitze auf der zweiten Schiene von unten backen.

TIPP

Der Teig ist sehr weich und verliert etwas die Form beim Backen, falls Sie das nicht möchten, geben Sie 50 bis 100 g mehr Mehl in den Teig. Allerdings wird die Schnecke dann nach dem Backen auch nicht so weich und luftig sein.

MÜSLIBROT

Ein unwahrscheinlich leckerer Sattmacher, der allerdings etwas mürbe von der Textur ist. Aber seien wir mal ehrlich, Krümel naschen wir doch besonders gerne, oder? Außerdem lässt es sich toll einfrieren und schmeckt nach dem Auftauen fast wie frisch gebacken.

ZUTATEN

2 BROTE

- **½ Würfel frische Hefe**
- **250 g Wasser**
- **20 g Honig**
- **400 g Buttermilch**
- **200 g Dinkelmehl Type 1050**
- **200 g Weizenmehl Type 1050**
- **150 g Dinkelvollkornmehl**
- **50 g Haferflocken Großblatt**
- **50 g Sonnenblumenkerne**
- **30 g Haferkleie**
- **30 g Weizenkleie**
- **2 TL Meersalz**

AUSSERDEM

Haferflocken und Sonnenblumenkerne zum Bestreuen

SO GEHT'S

1. Hefe, Wasser und Honig in den Mixtopf geben und **2 Minute/37 °C/ Stufe 2** verrühren. Das Hefewasser 5 Minuten stehen lassen.

2. Die restlichen Zutaten für den Teig in den Mixtopf einwiegen und **2,5 Minuten/Teigknetstufe** verkneten.

3. Den Teig auf einer bemehlten Arbeitsfläche mit den Händen durchkneten, rund formen und in einer Schüssel abgedeckt 60 Minuten an einem warmen Ort gehen lassen.

4. Den Teig für 2 Brote teilen. Jedes Teigstück nochmals teilen und diese in 60 cm lange Schlangen rollen. Pro Brot 2 Teigschlangen über Kreuz legen, die Arme der ersten Teigschlange nach unten legen und die der zweiten nach oben. In der Mitte sind die Teigschlangen eingehakt, sodass eine Art „H" entsteht. Die nach unten liegenden Teigschlangen miteinander verdrehen, dasselbe mit den nach oben liegenden Teigschlangen tun. Die so entstandene Rolle rund formen und mit dem Teigschluss nach unten auf ein Backblech legen. Ebenso mit dem zweiten Brot verfahren.

5. Beide Brote mit Wasser anfeuchten, mit Sonnenblumenkernen und Haferflocken bestreuen.

6. Im kalten Ofen auf der zweiten Schiene von unten in den Backofen stellen. Bei 230 °C Ober-/Unterhitze 40 Minuten backen.

TIPP

Wer mag, kann die Brote vor dem Backen mit der Unterseite noch in eine Schicht Sonnenblumenkerne drücken. Das macht sie von unten besonders knusprig und lecker.

DINKEL-BUTTERMILCH-BRÖTCHEN

Neben den Schweizer Bürli sind das meine Lieblingsbrötchen, da sie die perfekten Einfrierbrötchen sind. Nach dem ersten Backen werden sie nach dem Abkühlen von außen weich. Nach dem Einfrieren und dem erneuten Aufbacken werden sie außen knusprig und bleiben innen immer noch weich.

ZUTATEN

1 Würfel frische Hefe
500 g Buttermilch
1 TL Rohrohrzucker
350 g gekochte Kartoffeln
500 g Dinkelmehl Type 630
250 g Dinkelmehl Type 1050
2 TL Meersalz

AUSSERDEM

Mehl zum Bestäuben

SO GEHT'S

16 STÜCK

1. Hefe, Buttermilch und Zucker in den Mixtopf geben und **2 Minuten/37 °C/Stufe 2** verrühren. Das Hefewasser 5 Minuten stehen lassen.

2. Kartoffeln in den Mixtopf geben und **20 Sekunden/Stufe 5** pürieren.

3. Die restlichen Zutaten für den Teig in den Mixtopf einwiegen und **3,5 Minuten/Teigknetstufe** verkneten.

4. Den Teig auf einer bemehlten Arbeitsfläche mit den Händen durchkneten, rund formen und in einer Schüssel abgedeckt 60 Minuten an einem warmen Ort gehen lassen.

5. Den Teig in 16 Stücke von etwa 100 g teilen, rund schleifen und auf 2 mit Backpapier ausgelegte Backbleche legen. Dünn mit Mehl bestäuben und abgedeckt 15 Minuten gehen lassen.

6. Im vorgeheizten Backofen bei 230 °C Ober-/Unterhitze auf der zweiten Schiene von unten 18–20 Minuten backen. Die Bleche nacheinander und dabei das Blech mit den zuerst geformten Brötchen als Erstes backen.

SAUERTEIG-ROGGEN-BAGELS

Am besten schmecken diese Bagels, wenn sie mit richtigem Sauerteig gemacht werden. Da man den aber nicht immer fertig in der Küche hat, hilft auch Sauerteigextrakt als einfachere Alternative. Es verleiht den Bagels ebenfalls eine säuerliche Note, hat allerdings keine Triebkraft, sodass zusätzlich noch Hefe in den Teig muss.

10 STÜCK

ZUTATEN

FÜR DEN VORTEIG

1 Päckchen Sauerteigextrakt
150 g Roggenmehl
220 g Wasser

FÜR DEN HAUPTTEIG

½ Würfel frische Hefe
100 g Wasser
1 TL Rohrohrzucker
Vorteig
150 g Dinkelmehl Type 1050
150 g Roggenmehl
2 TL Meersalz

AUSSERDEM

Verschiedene Saaten (z. B. Mohn, Lein, Sesam, Chia)

SO GEHT'S

1. Die Zutaten für den Vorteig in den Mixtopf geben und **30 Sekunden/Stufe 2** verrühren. Den Vorteig in eine Schüssel umfüllen und über Nacht bei Raumtemperatur stehen lassen.

2. Am nächsten Tag Hefe, Wasser und Zucker in den Mixtopf geben und **2 Minuten/37 °C/Stufe 2** verrühren. Das Hefewasser 5 Minuten stehen lassen.

3. Den Vorteig zugeben und **30 Sekunden/Stufe 2** verrühren.

4. Die restlichen Zutaten für den Teig in den Mixtopf einwiegen und **3 Minuten/Teigknetstufe** verkneten.

5. Den Teig auf einer bemehlten Arbeitsfläche mit den Händen durchkneten, rund formen und in einer Schüssel abgedeckt 60–90 Minuten an einem warmen Ort gehen lassen.

6. Den Teig in 10 Stücke von etwa 80 g teilen, rund formen und auf eine leicht bemehlte Arbeitsfläche legen. Etwas Mehl in die Mitte einer Teigkugel streuen und mit dem Stiel eines Holzkochlöffels durchstechen. Den Kochlöffel so bewegen, dass sich die Teigkugel bewegt und ein großes Loch in der Mitte entsteht. Den Bagel etwas flach drücken und zur Seite schieben. Alle Bagels so formen.

7. Die Bagels, in leicht simmerndem Wasser 1–2 Minuten köcheln lassen, mit dem Holzlöffel wenden und weitere 1–2 Minuten köcheln lassen. Mit einem Schaumlöffel aus dem Wasser heben und auf ein mit Backpapier ausgelegtes Backblech legen.

8. Optional: Saaten auf einen Teller geben und die Bagels mit der Oberseite hineindrücken.

9. Im vorgeheizten Backofen bei 200 °C Ober-/Unterhitze auf der zweiten Schiene von unten 20 Minuten backen.

BANANENBROT

Dieses Rezept ist eine gute Art der Resteverwertung, denn oft werden bei mir ein, zwei Bananen sehr braun und weich, bevor wir sie essen konnten. Dann backe ich gerne dieses Bananenbrot. Scheibenweise eingefroren ist es ein tolles Frühstück, das nur noch kurz in den Toaster muss.

ZUTATEN

50 g Zartbitterschokolade
30 g Kokosnussöl
2 sehr reife Bananen ca. 200 g
2 Bio-Eier
150 g Kokosmilch
50 g Apfeldicksaft
1 TL selbst gemachter Vanilleextrakt
¼ TL Meersalz
220 g Dinkelvollkornmehl
½ TL Zimt (optional)
2 TL Weinsteinbackpulver

AUSSERDEM

Kastenform
Butter für die Form

SO GEHT'S

1 BROT

1. Die Schokolade in Stücke brechen und **3 Sekunden/Stufe 6** zerkleinern, anschließend umfüllen.

2. Kokosnussöl **1 Minute/50 °C/Stufe 2** schmelzen lassen, falls es nicht schon bei Raumtemperatur flüssig ist.

3. Die Bananen **10 Sekunden/Stufe 4** pürieren.

4. Die restlichen Zutaten mit den Schokoladenstückchen in den Mixtopf einwiegen und **10 Sekunden/Stufe 4** verrühren.

5. Den Kuchenteig in eine gefettete Kastenform füllen und im vorgeheizten Backofen bei 200 °C Ober-/Unterhitze auf der zweiten Schiene von unten 60 Minuten backen.

TIPP

Die Schokolade kann prima durch Walnusskerne ersetzt werden.

HEFEZOPF

Diese Frühstücksversüßer werden sehr weich und können gut am Vortag gebacken werden, sodass niemand ungeduldig warten muss, während sich in der Küche schon der herrliche Duft verbreitet.

ZUTATEN

½ Würfel frische Hefe
100 g Wasser
60 g Zucker
100 g Milch
2 TL selbst gemachter Vanillezucker
50 g Butter
550 g Dinkelmehl Type 630
¼ TL Meersalz
1 Bio-Ei

AUSSERDEM

1 Bio-Ei
2 EL Milch

SO GEHT'S

2 ZÖPFE

1. Hefe, Wasser und Zucker in den Mixtopf geben und **2 Minuten/37 °C/ Stufe 2** verrühren. Das Hefewasser 5 Minuten stehen lassen.

2. Die restlichen Zutaten für den Teig in den Mixtopf einwiegen und **2 Minuten/Teigknetstufe** verkneten.

3. Den Teig in einer Schüssel abgedeckt 60 Minuten an einem warmen Ort gehen lassen.

4. Den Teig für 2 Brote teilen. Für jedes Brot den Teig nochmals teilen und jedes Stück in eine etwa 100 cm lange Teigschlage rollen. Die Teigschlangen über Kreuz legen. Jeweils die gegenüberliegenden Teigschlangen miteinander verkreuzen. Dies so lange wiederholen, bis der Zopf fertig ist.

5. Die beiden Zöpfe auf ein Backblech legen, mit einem sauberen Geschirrtuch abdecken und nochmals 60 Minuten gehen lassen.

6. Das Ei mit der Milch verschlagen und die beiden Zöpfe damit dünn bepinseln.

7. Im vorgeheizten Backofen bei 200 °C Ober-/Unterhitze auf der zweiten Schiene von unten 20 Minuten backen. Den Backofen auf 180 °C Unterhitze umstellen und die Zöpfe weitere 10 Minuten backen.

ARTISAN HONEY
Limited Release

BRIOCHE

Vor dem Thermomix kannte ich nur gekaufte Brioche und fand diesen immer ziemlich fettig. Seitdem ich selbst Brioche backe, gehört sie fest in mein Standardrepertoire. Natürlich ist auch mein Rezept reichhaltig, aber es schmeckt viel leichter.

ZUTATEN

½ Würfel frische Hefe
100 g Milch
50 g Rohrohrzucker
450 g Dinkelmehl Type 630
2 Bio-Eier
150 g Butter
1 EL selbst gemachter Vanillezucker

AUSSERDEM

große Muffinform
Butter für die Form
1 Bio-Ei
2 EL Milch

SO GEHT'S

9 STÜCK

1. Hefe, Milch und Zucker in den Mixtopf geben und **2 Minuten/37 °C/Stufe 2** verrühren. Die Hefemilch 5 Minuten stehen lassen.

2. Die restlichen Zutaten für den Teig in den Mixtopf einwiegen und **2 Minuten/Teigknetstufe** verkneten.

3. Den Teig in einer Schüssel abgedeckt 60 Minuten an einem warmen Ort gehen lassen.

4. Den Teig auf eine bemehlte Arbeitsfläche geben und in 9 Stücke à 100 g teilen. Von jedem Teigling ein kleines Stück abnehmen. Die Teiglinge rund formen und in große gebutterte Muffinformen geben. Die kleinen Teigstücke zu Kugeln formen und auf die großen Teigkugeln setzen. Falls sie nicht halten, mit dem Finger ein Loch in den Teig drücken, dann die kleine Kugel aufsetzen.

5. Die Brioche mit einem sauberen Geschirrtuch abdecken und nochmals 60 Minuten gehen lassen.

6. Das Ei mit der Milch verschlagen und die Brioche damit dünn bepinseln.

7. Im vorgeheizten Backofen bei 180 °C Ober-/Unterhitze auf der zweiten Schiene von unten 30 Minuten backen.

TIPP

50 g Zartbitterschokolade 3 Sekunden/Stufe 5 zerkleinern und bei Schritt 2 mit in den Teig geben.

KNUSPERMÜSLI

Ob ganz klassisch gemischt mit Haferflocken und Milch, als Topping auf eine Smoothie Bowl oder als Knusperzugabe auf einer Schüssel Obstsalat mit Quark – dieses Müsli wird Ihnen ein Lächeln ins Gesicht zaubern.

GROßES VORRATS-GLAS (1,5 LITER)

ZUTATEN

100 g Rohrohrzucker
50 g Kokosblütensirup
1½ TL Zimt
¼ TL gemahlene Muskatnuss
½ TL Meersalz
400 g Haferflocken Großblatt
100 g Mandelblättchen

AUßERDEM

großes Vorratsglas

SO GEHT'S

1. Zucker, Sirup und Gewürze in den Mixtopf geben und **5 Minuten/Varoma/Stufe 1** aufkochen.

2. Die restlichen Zutaten zugeben und **30 Sekunden/Linkslauf/Stufe 2** mithilfe des Spatels verrühren.

3. Das Müsli auf einem Backblech ausbreiten und im vorgeheizten Backofen bei 150 °C Umluft auf der zweiten Schiene von unten 30 Minuten backen. Nach der Hälfte der Zeit umrühren.

4. Das Müsli fühlt sich noch etwas weich an, wenn Sie es nach 30 Minuten aus dem Backofen holen. Lassen Sie es auf dem Backblech vollständig auskühlen, dann wird es schön knusprig.

5. Das Müsli in einem großen luftdichten Einmachglas aufbewahren.

TIPP

Getrocknete Früchte nach dem Auskühlen unter das fertige Knuspermüsli mischen. Kirschen und klein geschnittene Aprikosen sind mein Favorit.

FRÜHSTÜCKSMUFFINS MIT APFEL UND KAROTTE

Muffins zum Frühstück sind immer eine tolle Sache und mit diesen Apfel-Karotten-Muffins brauchen Sie nicht einmal ein schlechtes Gewissen zu haben. Sie werden mit wenig Zucker gemacht und haben viele Ballaststoffe. Wer sie lieber nachmittags als Süßigkeit genießen möchte, kann sie einfach noch mit Zuckerguss verzieren.

18 STÜCK

ZUTATEN

FÜR DEN TEIG

250 g geschälte Möhren
10 g geschälter Ingwer
250 g Äpfel
250 g Apfelmus
50 g Pflanzenöl
2 Bio-Eier
200 g Weizenmehl Type 1050
20 g Weizenkleie
50 g Rohrohrzucker
¼ TL Meersalz
1 Päckchen Weinsteinbackpulver

FÜR DEN ZUCKERGUSS (OPTIONAL)

100 g Rohrohrzucker
4–6 TL Zitronensaft, je nach gewünschter Festigkeit

AUSSERDEM

Muffinform

SO GEHT'S

1. Möhren in Stücken und Ingwer in den Mixtopf geben und **3 Sekunden/Stufe 6** zerkleinern.

2. Äpfel in Stücken zugeben und **2 Sekunden/Stufe 5** zerkleinern.

3. Die restlichen Zutaten für den Teig zugeben und **20 Sekunden/Linkslauf/Stufe 5** verrühren.

4. Den Teig in Muffinförmchen geben und im vorgeheizten Backofen bei 180 °C Umluft auf der mittleren Schiene 20 Minuten backen.

5. (optional) Für den Zuckerguss den Zucker **10 Sekunden/Stufe 10** zu Puderzucker mahlen. Den Zitronensaft zugeben und **15 Sekunden/Stufe 3** verrühren.

TIPP

Bei der geringen Menge an Zuckerguss finde ich es einfacher den Puderzucker mit dem Zitronensaft per Hand in einer kleinen Schüssel anzurühren.

JOGHURTHÖRNCHEN

Eine etwas leichtere Variante der Butterhörnchen, aber mindestens genauso lecker. Mein Sohn ist ganz vernarrt in die kleinen Hörnchen und verputzt sie am liebsten mit der selbst gekochten Rhabarbermarmelade meiner Tante.

ZUTATEN

½ Würfel frische Hefe
100 g Milch
30 g Rohrohrzucker
1 EL selbst gemachter Vanillezucker
50 g Butter
150 g Vollfettjoghurt
1 Bio-Ei
250 g Dinkelmehl Type 630
200 g Dinkelmehl Type 1050
¼ TL Salz

AUSSERDEM

50 g Butter
1 Bio-Ei
2 EL Milch

SO GEHT'S

16 STÜCK

1. Hefe, Milch und Zucker in den Mixtopf geben und **2 Minuten/37 °C/ Stufe 2** verrühren. Die Hefemilch 5 Minuten ziehen lassen.

2. Die restlichen Zutaten für den Teig in den Mixtopf einwiegen und **1,5 Minuten/Teigknetstufe** verkneten.

3. Den Teig in einer Schüssel abgedeckt 90 Minuten an einem warmen Ort gehen lassen.

4. 50 g Butter **2 Minuten/70 °C/Stufe 2** schmelzen lassen, in eine kleine Schüssel umfüllen.

5. Den Teig in 8 Stücke à 100 g aufteilen, alle Teigstücke zu Kugeln formen und rund mit einem Durchmesser von ungefähr 20 cm ausrollen.

6. Jeweils 4 Teigkreise aufeinanderstapeln, dabei die unteren drei mit der geschmolzenen Butter bepinseln. Die Teigstapel vorsichtig auf einen Durchmesser von ungefähr 30 cm ausrollen.

7. Beide Teigstapel in 8 Stücke schneiden, jedes Stück von der breiten Seite zur Spitze hin aufrollen.

8. Die Hörnchen auf ein Backblech legen und abgedeckt 15 Minuten gehen lassen.

9. Das Ei mit der Milch verschlagen und die Hörnchen dünn bepinseln.

10. Im vorgeheizten Backofen bei 200 °C Ober-/Unterhitze auf der zweiten Schiene von unten 12 Minuten backen.

TIPP

Für herzhafte Hörnchen den Zucker weglassen und eine Scheibe würzigen Käse mit aufrollen.

CINNAMON SWIRL BREAD

Dieses süße Brot schmeckt mir als getoastetes Sandwich besonders gut. Dafür geben Sie zwei Esslöffel Frischkäse, einen Teelöffel Haselnussmus und etwas Kakaopulver zwischen zwei Scheiben und braten es von beiden Seiten in der Pfanne ohne Öl an.

1 BROT

ZUTATEN

FÜR DEN TEIG

½ Würfel frische Hefe
50 g Rohrohrzucker
250 g Milch
100 g Dinkelmehl Type 1050
300 g Dinkelmehl Type 630
1 TL Meersalz
2 EL Rapsöl

ZIMTFÜLLUNG

1 EL Zimt
50 g Rohrohrzucker
1 EL Milch

SO GEHT'S

1. Hefe, Zucker und Milch in den Mixtopf einwiegen und **2 Minuten/37 °C/Stufe 2** verrühren.

2. Die Hefemilch 5 Minuten stehen lassen.

3. Die restlichen Zutaten hinzugeben und **2,5 Minuten/Teigknetstufe** verkneten.

4. Den Teig 120 Minuten abgedeckt an einem warmen Ort gehen lassen.

5. Eine Kastenform buttern und mit Mehl ausstäuben.

6. Die Zutaten für die Füllung verrühren.

7. Den Teig rechteckig ausrollen, dabei sollte die schmale Seite etwa 4 cm schmaler sein als die Kastenform breit ist.

8. Den Teig mit der Zimtfüllung bestreichen, dabei den Rand freilassen.

9. Den Teig von der schmalen Seite her aufrollen und in die vorbereitete Kastenform mit dem Teigschluss nach unten legen.

10. Das Brot abgedeckt eine 30–60 Minuten gehen lassen, bis es über die Kastenform hinaus aufgegangen ist.

11. Im vorgeheizten Backofen bei 180 °C Ober-/Unterhitze auf der zweiten Schiene von unten 30 Minuten goldbraun backen.

12. Auf einem Auskühlgitter vollständig abkühlen lassen.

KAFFEE & KUCHEN

Hier kommen die verschiedensten Köstlichkeiten auf den Tisch: Fruchtig oder schokoladig, Kuchen und Torten oder kleine Muffins und Scones, klassisch oder modern – suchen Sie sich etwas aus!

MARMORKUCHEN – EXTRA SCHOKOLADIG

Marmorkuchen ist der klassischste Kuchen den ich mir überhaupt vorstellen kann. Deshalb darf er auch in meinem Buch nicht fehlen. Allerdings kommt hier mehr als nur Kakaopulver in den Kuchen.

1 KUCHEN

ZUTATEN

FÜR DEN TEIG

50 g weiße Schokolade
250 g weiche Butter
150 g Rohrohrzucker
4 Bio-Eier
100 g Dinkelmehl Type 630
100 g Dinkelmehl Type 1050
80 g Vollkorndinkelmehl
2 TL Weinsteinbackpulver
¼ TL Meersalz
50 g Vollmilch

FÜR DEN DUNKLEN TEIG

20 g Vollmilch
30 g echtes Kakaopulver
50 g Zartbitterschokolade

AUSSERDEM

Gugelhupfform
Butter und Mehl für die Form

SO GEHT'S

1. Weiße Schokolade in Stücken in den Mixtopf einwiegen, **3 Sekunden/Stufe 6** zerkleinern und in eine Teigschüssel umfüllen.

2. Zartbitterschokolade in Stücken in den Mixtopf einwiegen, **3 Sekunden/Stufe 6** zerkleinern und in eine kleine Schale umfüllen.

3. Mixtopf ausspülen.

4. Butter und Rohrohrzucker in den Mixtopf einwiegen und **6 Minuten/Stufe 4** cremig rühren. Nach 4 Minuten ein Ei durch die Deckelöffnung geben. Alle 30 Sekunden ein weiteres Ei dazugeben.

5. Mehl, Backpulver, Salz und Milch in den Mixtopf geben und **30 Sekunden/Stufe 6** verrühren.

6. Die Hälfte des Teiges zur weißen Schokolade in die Teigschüssel umfüllen. Mit einem Teigschaber gut verrühren, sodass sich die Schokolade gleichmäßig verteilt.

7. Kakaopulver, Zartbitterschokolade und Milch zum übrigen Teig in den Mixtopf geben, **10 Sekunden/Linkslauf/Stufe 6** verrühren.

8. Eine Gugelhupfform ausbuttern und dünn mit Mehl ausstäuben. Die beiden Teigsorten abwechselnd löffelweise einfüllen.

9. Den Marmorkuchen 50–60 Minuten bei 180 °C Ober-/Unterhitze auf der zweiten Schiene von unten backen.

TIPP

Verwenden Sie nur beste Schokolade für Ihren Kuchen und achten Sie ein wenig auf die Inhaltsstoffe. Eine gute Schokolade braucht nur wenige, um phantastisch zu schmecken.

HAFERKEKSE

Bei mir in der Küche steht immer ein großes Glas mit Haferkeksen neben der Obstschale, weil ich jeden Nachmittag etwas zum Naschen brauche. Die Kekse sind flink gebacken und schmecken einfach zu lecker.

ZUTATEN

100 g Butter

50 g Rohrohrzucker

20 g Kokosblütensirup (alternativ Reissirup oder Honig)

10 g Vanilleextrakt

50 g kernige Haferflocken

50 g feine Haferflocken

50 g Schmelzflocken

50 g Kokosraspeln

¼ TL Meersalz

SO GEHT'S

22 STÜCK

1. Butter, Zucker, Kokosblütensirup, Vanilleextrakt in den Mixtopf einwiegen und **3 Minuten/50 °C/Stufe 2** erwärmen.

2. Die restlichen Zutaten in den Mixtopf einwiegen und **15 Sekunden/Linkslauf/Stufe 3** vermischen.

3. Den Teig in eine Schüssel umfüllen, so ist es einfacher die Kekse zu portionieren.

4. 2 Backbleche mit Backpapier auslegen.

5. Mit einem kleinen Eisportionierer feste Teigportionen mit etwas Abstand auf das Backblech setzen. Mit den Fingern vorsichtig flach drücken.

6. Die Haferkekse 15 Minuten bei 180 °C im vorgeheizten Backofen auf der zweiten Schiene von unten backen.

7. Kekse auf einem Kuchengitter vollständig auskühlen lassen und anschließend in einem fest verschließbaren Glas aufbewahren.

HIMBEER-SCONES

Seit meinem Urlaub in London vor ein paar Jahren bin ich ganz verliebt in das Gebäck. Dort wird es klassisch mit Clotted Cream, einer Art Streichrahm, serviert. Da es diese bei uns nicht gibt, empfehle ich Ihnen, einen Stich Butter auf die Scones zu geben oder sie einfach pur zu knuspern.

ZUTATEN

350 g Dinkelmehl Type 630

10 g Weinsteinbackpulver

30 g Rohrohrzucker

¼ TL Salz

120 g kalte Butter

2 Bio-Eier

120 g Milch

100 g Himbeeren (frisch oder tiefgekühlt)

AUSSERDEM

1–2 EL Milch

etwas Zucker

SO GEHT'S

12 STÜCK

1. Mehl, Backpulver, Zucker, Salz und Butter in den Mixtopf einwiegen und **10 Sekunden/Stufe 5** vermischen. Den Teig mit dem Spatel nach unten schieben und nochmals **10 Sekunden/Stufe 5** verrühren.

2. Eier und Milch dazugeben und **30 Sekunden/Teigknetstufe** verkneten.

3. Den Teig auf eine bemehlte Arbeitsfläche geben und mit bemehlten Händen zu 2 runden, dicken Fladen formen.

4. Die Teigfladen auf ein mit Backpapier ausgelegtes Backblech legen. Mit den Fingern kleine Vertiefungen hineindrücken und dort die Himbeeren hineinsetzen.

5. Die Teigstücke mit einem scharfen Messer in 6–8 Stücke teilen.

6. Die Scones mit Milch bestreichen und mit Zucker bestreuen.

7. Im vorgeheizten Backofen bei 200 °C Ober-/Unterhitze auf der zweiten Schiene von unten 20 Minuten backen, bis die Scones anfangen, an den Ecken braun zu werden.

TIPP

Die Scones schmecken mit jedem anderen Obst der Saison oder auch mit tiefgekühltem Obst im Winter.

NEW YORK
STREET

ZITRONENKUCHEN MIT THYMIAN

Mut zum Experimentieren! Klingt vielleicht ungewöhnlich, aber durch den Thymian wird aus einem einfachen Zitronenkuchen etwas ganz Besonderes.

ZUTATEN

200 g Mandeln
1 Bio-Zitrone
120 g Rohrohrzucker
2 TL frische Thymianblätter
2 Bio-Eier
1 Bio-Eigelb (Eiweiß für das Icing benutzen)
200 g Buttermilch
100 g Dinkelmehl Type 1050
50 g Stärkemehl
Meersalz
2 TL Weinsteinbackpulver

ROYAL ICING

1 Eiweiß
150 g Puderzucker

AUSSERDEM

Kastenform
Butter und Mehl für die Form
Thymianblätter zur Dekoration

SO GEHT'S

1 KUCHEN

1. Eine Kastenform mit Butter einfetten und dünn mit Mehl ausstäuben.

2. Den Backofen auf 170 °C Umluft vorheizen.

3. Mandeln in den Mixtopf einwiegen und **8 Sekunden/Stufe 10** mahlen. Anschließend in eine Schüssel umfüllen.

4. Die Schale der Zitrone mit einem Sparschäler dünn abschälen, zusammen mit dem Zucker und den abgezupften Thymianblättchen in den Mixtopf geben und **5 Sekunden/Stufe 7** zerkleinern. Mit dem Spatel hinunterschieben und nochmals **5 Sekunden/Stufe 7** zerkleinern. Den Zitronen-Thymian-Zucker ebenfalls umfüllen.

5. Schmetterling einsetzen, dann die Eier in den Mixtopf geben und **2 Minuten/50 °C/Stufe 2** erwärmen.

6. 50 g des Zitronen-Thymian-Zuckers zu den Eiern in den Mixtopf geben und ohne Temperatur **5 Minuten/Stufe 3** schaumig aufschlagen.

7. Buttermilch hinzugeben und **1 Minute/Stufe 2** verrühren. Den Schmetterling entfernen.

8. Mandeln, den restlichen Zitronen-Thymian-Zucker, Mehl, Stärkemehl, den Saft der Zitrone, Salz und Weinsteinbackpulver hinzugeben **5 Sekunden/Stufe 5** verrühren.

9. Den Teig in die Kastenform füllen und 50–60 Minuten auf der zweiten Schiene von unten backen.

10. Für das Royal Icing den Schmetterling in den sauberen Mixtopf einsetzen. Das Eiweiß **2 Minuten/Stufe 4** fest aufschlagen.

11. Puderzucker in den Mixtopf einwiegen und **5 Sekunden/Stufe 3** verrühren.

12. Das Icing über den noch lauwarmen Kuchen gießen, nach Belieben mit Thymianblättern dekorieren und den Kuchen vollständig auskühlen lassen.

ZIMTKRANZ

Er sieht zwar extrem aufwendig aus, ist aber ganz schnell gemacht. Der Trick ist, die Teigrolle vor dem Formen aufzuschneiden. Ein absolutes Lieblingsrezept bei uns zu Hause, das auch gerne mal beim Sonntagsfrühstück auf den Tisch kommt.

ZUTATEN

FÜR DEN TEIG

½ Würfel frische Hefe
20 g Rohrohrzucker
150 g Milch
250 g Dinkelmehl Type 630
150 g Dinkelmehl Type 1050
1 Bio-Ei
½ TL Meersalz

FÜR DIE ZIMTFÜLLUNG

50 g weiche Butter
4 EL Dark Brown Sugar (alternativ Rohrohrzucker)
3 TL Zimt

AUSSERDEM

1 EL Milch zum Bestreichen

SO GEHT'S

2 KRÄNZE

1. Hefe, Zucker und Milch in den Mixtopf geben und **2 Minuten/37 °C/ Stufe 2** verrühren. Die Hefemilch 5 Minuten ziehen lassen.
2. Die restlichen Zutaten für den Teig in den Mixtopf einwiegen und **3 Minuten/Teigknetstufe** kneten. Der Teig sollte sich vom Rand lösen, falls er noch zu klebrig ist, esslöffelweise Mehl hinzugeben und kurz weiter kneten lassen.
3. Den Teig in einer Schüssel abgedeckt 60 Minuten an einem warmen Ort gehen lassen.
4. Für die Füllung die geschmolzene Butter mit Zucker und Zimt verrühren.
5. Für 2 Kränze den Teig teilen und jeweils zu einem Quadrat von ungefähr 30 cm x 30 cm ausrollen.
6. Beide Teigplatten mit der Zimtbutter bestreichen und aufrollen. Die Rollen halbieren und die Teigstränge miteinander verdrehen, sodass die Schnittkanten möglichst oben liegen. Die verdrehten Teigstränge zu einem Kreis auf ein mit Backpapier ausgelegtes Backblech legen.
7. Die Zimtkränze im vorgeheizten Backofen bei 200 °C Ober-/Unterhitze auf der zweiten Schiene von unten für 25 Minuten backen.
8. Die noch heißen Zimtkränze mit Milch bestreichen, so bekommen sie einen schönen Glanz.

BISKUITROLLE MIT MARACUJAFÜLLUNG

Die Biskuitrolle ist der Lieblingskuchen meiner Schwester und durfte natürlich in diesem Buch nicht fehlen. Ein locker-leichter Boden mit einer süß-fruchtigen Sahnefüllung, die auf der Zunge nur so zergeht.

ZUTATEN

FÜR DEN BISKUIT

5 Bio-Eier
60 g Puderzucker
¼ TL Meersalz
Mark einer halben Vanilleschote
70 g Dinkelmehl Type 630
30 g Stärkemehl
1 TL Weinsteinbackpulver

FÜR DIE FÜLLUNG

250 g Sahne (Vollfett)
150 g Frischkäse
100 g Aprikosenmarmelade
3 Maracujas

AUSSERDEM

Puderzucker zum Anrichten

SO GEHT'S

1 ROLLE

1. Schmetterling in den Mixtopf einsetzen, die Eier **5 Minuten/50 °C/Stufe 4** aufschlagen.

2. Puderzucker zugeben und weitere **5 Minuten/Stufe 3** schaumig aufschlagen.

3. Die restlichen Zutaten für den Teig zugeben und **10 Sekunden/Stufe 4** verrühren. Den Biskuitteig auf ein mit Backpapier ausgelegtes Backblech gießen und glattstreichen.

4. Im vorgeheizten Backofen bei 200 °C Ober-/Unterhitze 10 Minuten auf der zweiten Schiene von unten backen.

5. Ein großes Küchenhandtuch ausbreiten und dünn mit Zucker bestreuen. Den heißen Biskuit auf das Küchenhandtuch stürzen, vorsichtig das Backpapier abziehen und den Biskuit, samt Handtuch aufrollen. So geformt vollständig auskühlen lassen.

6. Sahne steif schlagen, da sie sehr fest werden muss, empfehle ich ein Handrührgerät.

7. Frischkäse und Marmelade in den Mixtopf einwiegen und **30 Sekunden/Stufe 4** verrühren.

8. Die Maracujas halbieren und das Fruchtfleisch in den Mixtopf geben, **10 Sekunden/Linkslauf/Stufe 3** unterrühren.

9. Die Sahne ebenfalls in den Mixtopf geben und **10 Sekunden/Linkslauf/Stufe 3** unterheben.

10. Die Füllung auf dem Biskuit gleichmäßig verteilen, dabei auf einer der breiten Seiten etwa 3 cm frei lassen. Von der breiten, mit Füllung bestrichenen Seite her den Biskuit aufrollen.

11. Mit Puderzucker bestäubt servieren.

NEW YORK CHEESECAKE

Ein Kuchen für Mutige, denn nach dem Backen kommt der New York Cheesecake noch ziemlich flüssig aus dem Backofen. Hier müssen Sie Geduld und Mut mitbringen, dass er über Nacht im Kühlschrank fest wird. Vertrauen Sie mir, das wird er!

ZUTATEN

1 KUCHEN

FÜR DEN BODEN

150 g Dinkelvollkornmehl
75 g Butter
50 g Rohrohrzucker
¼ TL Meersalz

FÜR DIE FÜLLUNG

900 g Frischkäse
150 g Rohrohrzucker
200 g Saure Sahne
Mark einer Vanilleschote
50 g Dinkelmehl Type 630
4 Bio-Eier

AUSSERDEM

Springform (18 cm)

SO GEHT'S

1. Alle Zutaten für den Teig in den Mixtopf einwiegen und **20 Sekunden/Stufe 5** verrühren. Den Teig in eine Springform füllen und 30 Minuten in den Kühlschrank stellen. Anschließend im vorgeheizten Backofen bei 200 °C 20 Minuten backen.

2. Den Schmetterling einsetzen und Frischkäse sowie Rohrohrzucker in den Mixtopf einwiegen und **30 Sekunden/Stufe 4** verrühren. Durch das Aufschlagen des Frischkäses sammelt sich Luft unter der Masse, deshalb kurz mit dem Spatel durch die Messe stechen. Die Füllung rutscht nach unten und es ist wieder Platz im Mixtopf.

3. Saure Sahne, Mark einer Vanilleschote und Dinkelmehl hinzugeben, weitere **30 Sekunden/Stufe 4** verrühren. Jetzt wieder die Luft mit dem Spatel aus der Masse lassen, sodass alles nach unten rutscht.

4. Den Thermomix auf **Stufe 3** einstellen und alle 10 Sekunden ein Ei durch den Deckel geben.

5. Die Füllung in die Springform geben, die Form auf ein tiefes Backblech stellen und dieses mit Wasser auffüllen. Die Springform sollte im besten Fall zu zwei Dritteln im Wasser stehen.

6. Den Kuchen im vorgeheizten Backofen bei 180 °C Ober-/Unterhitze auf der zweiten Schiene von unten 45 Minuten backen.

7. Den New York Cheesecake nach dem Auskühlen mindestens 8 Stunden in den Kühlschrank stellen.

BROMBEER-GERSTEN-KUCHEN

Gerste ist eines der ältesten kultivierten Getreide und wird leider kaum noch beim Backen genutzt, obwohl sie sehr gesund ist. Vermutlich liegt es daran, dass sie im Vergleich zu anderen Getreidearten wenig Klebeeiweiß enthält und ein Hefeteig nicht aufgehen würde. Als Beimischung, wie in diesem Kuchen, eignet sie sich aber super.

ZUTATEN

1 KUCHEN

FÜR DEN TEIG

60 g Gerstenkörner

4 Bio-Eier

40 g Rohrohrzucker

40 g Dark Brown Sugar (alternativ Rohrohrzucker)

120 g Dinkelmehl Type 630

3 TL Weinsteinbackpulver

¼ TL Salz

2 TL Vanilleextrakt (möglichst selbstgemacht)

50 g saure Sahne

50 g Milch

150 g weiche Butter

Schalenabrieb 1 halben Bio-Orange

100 g Brombeeren

FÜR DAS TOPPING

50 g Frischkäse

1 EL frisch gepresster Orangensaft

60 g Puderzucker

Schalenabrieb 1 halben Bio-Orange

100 g Brombeeren

AUSSERDEM

Springform (24 cm)

Butter und Mehl für die Form

SO GEHT'S

1. Die Gerstenkörner **1 Minute/Stufe 10** mahlen, anschließend umfüllen.

2. Den Schmetterling einsetzen und die Eier in den Mixtopf geben, **4 Minuten/50 °C/Stufe 4** schaumig aufschlagen.

3. Beide Zuckersorten in den Mixtopf einwiegen und weitere **5 Minuten/Stufe 3** aufschlagen.

4. Mehl, Weinsteinbackpulver und Salz in den Mixtopf geben und **10 Sekunden/Stufe 4** verrühren.

5. Alle weiteren Zutaten, bis auf die Brombeeren in den Mixtopf geben und **30 Sekunden/Stufe 3** verrühren.

6. Den Kuchenteig in eine gefettete und bemehlte Springform geben. Die Hälfte der Brombeeren auf dem Teig verteilen und leicht andrücken.

7. Den Kuchen im vorgeheizten Backofen bei 180 °C Ober-/Unterhitze auf der zweiten Schiene von unten für 40 Minuten backen.

8. Für das Topping Frischkäse, Orangensaft und Puderzucker in den Mixtopf geben und **10 Sekunden/Stufe 5** verrühren. Das Topping auf dem Kuchen verteilen, bei diesem Topping ist es egal, ob der Kuchen noch warm oder schon ausgekühlt ist. Die restliche Orangenschale darüber reiben.

9. Vor dem Servieren die frischen Brombeeren auf dem Kuchen verteilen.

MADELEINES

Ich dachte immer, Madeleines wären schwer zu backen, aber es ist so einfach, wie Kekse backen. Wichtig ist nur, dass Sie das Mehl sieben, bevor Sie es zu den aufgeschlagenen Eiern geben.

ZUTATEN

1 Bio-Zitrone
50 g Rohrohrzucker
2 Bio-Eier
1 Vanilleschote
80 g Dinkelmehl Type 1050
½ TL Weinsteinbackpulver
60 g weiche Butter

AUSSERDEM

Madeleineform
Butter und Mehl für die Form
Puderzucker zum Bestäuben

SO GEHT'S

30 STÜCK

1. Die Schale der Zitrone mit einem Sparschäler dünn abschälen und zusammen mit dem Zucker **5 Sekunden/Stufe 7** zerkleinern. Mit dem Spatel hinunterschieben und weitere **5 Sekunden/Stufe 7** zerkleinern. Den Zitronenzucker umfüllen.

2. Den Schmetterling einsetzen und beide Eier in den Mixtopf geben, **2 Minuten/50 °C/Stufe 4** erwärmen.

3. Den Zitronenzucker und dass Mark der Vanilleschote zugeben und **5 Minuten/Stufe 3** schaumig aufschlagen.

4. Die weiche Butter in den Mixtopf einwiegen und **5 Sekunden/Stufe 2** unterrühren.

5. Das Mehl in den Mixtopf sieben, Backpulver zugeben und **5 Sekunden/Stufe 3** unterrühren.

6. Den Teig umfüllen und abgedeckt 30 Minuten in den Kühlschrank stellen.

7. Eine Madelaineform mit Butter einfetten und dünn mit Mehl bestäuben. Den Teig hineinfüllen und 10–12 Minuten im vorgeheizten Backofen bei 180 °C Umluft auf mittlerer Schiene backen.

VERSUNKENER APFELKUCHEN

Ich liebe den Apfelkuchen meiner Oma, ein klassisches und einfaches Rezept. Allerdings mag ich es weniger süß, dafür aber mit etwas Biss. Deshalb habe ich den Zucker reduziert und zusätzlich noch Walnüsse mit in den Teig gegeben.

ZUTATEN

1 KUCHEN

FÜR DEN TEIG

100 g Walnusskerne
3 Bio-Eier
80 g Rohrohrzucker
1 EL selbst gemachter Vanillezucker
150 g Dinkelmehl Type 1050
2 TL Weinsteinbackpulver
40 g Milch
100 g weiche Butter

FÜR DEN BELAG

2 Boskoop-Äpfel

AUSSERDEM

Springform (16 cm)
Butter und Mehl für die Form

SO GEHT'S

1. Eine Springform buttern und mit Mehl ausstreuen.

2. Die Walnusskerne **10 Sekunden/Stufe 8** mahlen, anschließend umfüllen.

3. Den Schmetterling einsetzen, dann die Eier in den Mixtopf geben und **3 Minuten/50 °C/Stufe 4** verrühren.

4. Rohrohr- und Vanillezucker zugeben und weitere **5 Minuten/Stufe 3** verrühren. Den Schmetterling herausnehmen.

5. Mehl, Backpulver und Milch dazugeben und **10 Sekunden/Stufe 4** unterrühren.

6. Butter und Walnusskerne zum Teig geben und **30 Sekunden/Stufe 4** verrühren.

7. Den Teig in die vorbereitete Springform füllen.

8. Die Äpfel vierteln, das Kerngehäuse entfernen und schälen. Die Apfelviertel mehrfach längs einschneiden, allerdings nicht durchschneiden.

9. Die Apfelstücke auf dem Kuchen verteilen und leicht andrücken.

10. Den Kuchen im vorgeheizten Backofen bei 200 °C Ober-/Unterhitze auf der zweiten Schiene von unten 50 Minuten backen.

KURKUMA-BLECHKUCHEN MIT KOKOSSTREUSELN

Kennen Sie Kurkuma Latte? Dieses Getränk wärmt wunderbar an kalten Herbsttagen und verbreitet bei mir direkt eine ganz gediegene Stimmung. Damit wir nicht nur bei trübem Wetter in den Genuss kommen, gibt es jetzt Kurkuma Latte vom Blech mit Kokosstreuseln.

ZUTATEN

FÜR DEN TEIG

30 g frische Kurkuma
200 g Milch
4 Bio-Eier
150 g Rohrohrzucker
300 g Dinkelmehl Type 1050
1 Päckchen Weinsteinbackpulver
70 g Rapsöl

FÜR DIE STREUSEL

100 g Butter
70 g Rohrohrzucker
150 g Dinkelmehl Type 1050
50 g Kokosflocken

SO GEHT'S

1 BLECH

1. Kurkuma waschen und ungeschält in den Mixtopf geben, **3 Sekunden/Stufe 7** reiben.

2. Kurkuma mit dem Spatel nach unten schieben und Milch einwiegen **5 Minuten/90 °C/Stufe 1** aufkochen lassen. Die Kurkumamilch 10 Minuten ziehen lassen.

3. Milch durch ein feines Haarsieb in eine Porzellanschüssel umfüllen (Plastik verfärbt sich) und den Mixtopf abspülen.

4. Butter für die Streusel in den Mixtopf geben und **2 Minuten/90 °C/Stufe 1** schmelzen lassen.

5. Die restlichen Zutaten für die Streusel in den Mixtopf geben und **10 Sekunden/Linkslauf/Stufe 3** verrühren. Die Streuselmasse in eine Schüssel umfüllen und den Mixtopf spülen.

6. Den Schmetterling einsetzen und die Eier **4 Minuten/50 °C/Stufe 4** aufschlagen.

7. Zucker zugeben und weitere **5 Minuten/Stufe 3** schaumig aufschlagen.

8. Mehl, Backpulver, Öl und die abgekühlte Kurkumamilch hinzugeben, **20 Sekunden/Stufe 4** verrühren.

9. Den Teig auf ein mit Backpapier ausgelegtes Backblech gießen und im vorgeheizten Backofen bei 180 °C Umluft, auf mittlerer Schiene backen.

10. Nach 5 Minuten die Streusel auf dem Kuchen verteilen, anschließend 15 Minuten fertig backen.

MÖHRENKUCHEN MIT FRISCHKÄSE-FROSTING

Diesen Kuchen backe ich immer, wenn wir in den Skiurlaub fahren. Er ist der perfekte Proviant für die lange Autofahrt, denn er lässt sich wunderbar auf die Hand essen, ist lecker saftig, auch ohne das üppige Frosting, krümelt kaum und schmeckt wirklich zu jeder Tageszeit.

ZUTATEN

1 KUCHEN

FÜR DEN TEIG

500 g geschälte Möhren
5 Bio-Eier
100 g Rohrohrzucker
Mark einer ½ Vanilleschote
¼ TL Meersalz
1 TL Zimt
250 g Dinkelmehl Type 1050
150 g Dinkelvollkornmehl
2 TL Weinsteinbackpulver
50 g Rosinen (optional)

FÜR DAS FROSTING

250 g Frischkäse
250 g Puderzucker
50 g Butter

AUSSERDEM

Kastenform
Butter und Mehl für die Form

SO GEHT'S

1. Möhren in Stücken in den Mixtopf geben und **5 Sekunden/Stufe 5** zerkleinern, anschließend umfüllen und Mixtopf ausspülen.

2. Den Schmetterling einsetzen und die Eier **5 Minuten/50 °C/Stufe 4** aufschlagen.

3. Zucker, Vanille, Salz und Zimt zugeben und weitere **5 Minuten/Stufe 3** schaumig aufschlagen.

4. Mehl und Backpulver in den Mixtopf einwiegen und **10 Sekunden/Stufe 4** verrühren.

5. Die Möhren und wer mag Rosinen in den Mixtopf geben und **15 Sekunden/Stufe 3** mit Hilfe des Spatels verrühren. Der vorher feste Teig wird durch die saftigen Möhren jetzt weich.

6. Eine Kastenform buttern und mit Mehl ausstäuben. Den Teig einfüllen und im vorgeheizten Backofen bei 180 °C Ober-/Unterhitze auf der zweiten Schiene von unten 60 Minuten backen.

7. Für das Frosting alle Zutaten in den Mixtopf geben und **30 Sekunden/Stufe 6** verrühren, bis die Mischung fest und streichfähig geworden ist. Auf den abgekühlten Kuchen verteilen.

MINI-MÖHREN-GUGEL

Die kleinen Gugel schmecken Groß und Klein und sind der perfekte Begleiter für ein schönes Picknick bei tollem Wetter. Sind werden so schön saftig und durch die kleine Größe sind sie perfekt für zwischendurch.

54 STÜCK

ZUTATEN

100 g + 30 g Haselnusskerne
100 g geschälte Möhre
2 Bio-Eier
50 g Zucker
150 g Dinkelmehl Type 1050
½ TL Weinsteinbackpulver
¼ TL Salz
1 TL Zimt (optional)
80 g weiche Butter
100 g Milch

AUSSERDEM

Minigugelform
Öl für die Form
Puderzucker zum Servieren

SO GEHT'S

1. 100 g Haselnusskerne in den Mixtopf geben und **5 Sekunden/Stufe 9** mahlen. Die restlichen 30 g Haselnusskerne dazugeben und weitere **3 Sekunden/Stufe 6** hacken. Nüsse umfüllen.

2. Die Möhren in Stücken in den Mixtopf geben und **3 Sekunden/Stufe 5** zerkleinern, zu den Nüssen in die Schüssel füllen.

3. Mixtopf ausspülen und Schmetterling einsetzen. Eier in den Mixtopf geben und **2 Minuten/50 °C/Stufe 4** aufschlagen.

4. Zucker zugeben und weitere **5 Minuten/Stufe 3** schaumig aufschlagen. Schmetterling entfernen.

5. Restliche Zutaten in den Mixtopf geben und **20 Sekunden/Stufe 4** verrühren.

6. Eine Minigugelform (für 18 Minigugel) dünn mit Öl auspinseln und den Teig hineinfüllen.

7. Die Minigugel im vorgeheizten Backofen bei 180 °C Ober-/Unterhitze auf der zweiten Stufe von unten 20 Minuten backen.

TIPP

Ich drücke den Teig gerne mit einer Teigkarte in die Minigugelformen und streife den überschüssigen Teig anschließend ab.

BLAUBEER-GALETTES

Ich mag den kräftigen Geschmack von Roggenmehl sehr und verwende es gerne für Kuchen. Diese Galettes sind etwas schwieriger zu formen, da der Teig zum Reißen neigt. Doch der Aufwand lohnt sich, denn der kräftige Roggenteig harmoniert wunderbar mit den Blaubeeren.

ZUTATEN

FÜR DEN TEIG

150 g Roggenmehl
150 g Dinkelmehl Type 630
20 g Rohrohrzucker
¾ TL Meersalz
150 g kalte Butter

FÜR DEN BELAG

50 g Mandeln
50 g Dinkelkörner
300 g Blaubeeren
4 EL Rohrohrzucker

AUSSERDEM

1 Bio-Ei
ca. 1 EL Rohrohrzucker

SO GEHT'S

4 STÜCK

1. Für den Belag Mandeln und Dinkelkörner in den Mixtopf geben und **20 Sekunden/Stufe 10** mahlen und umfüllen.

2. Alle Zutaten für den Teig in den Mixtopf einwiegen und **40 Sekunden/ Stufe 5** verkneten.

3. Den Teig auf einer Arbeitsfläche zur Kugel formen und 30 Minuten im Kühlschrank ruhen lassen.

4. Den Teig vierteln, jedes Stück zu einer Kugel formen, mit Mehl und ohne Druck rund ausrollen.

5. Die Mehl-Mandel-Mischung mittig auf die 4 Teigkreise verteilen und leicht andrücken.

6. Blaubeeren mit Zucker vermischen und ebenfalls auf die 4 Teigkreise verteilen.

7. Das Ei verrühren und die Ränder der Teigkreise damit dünn bepinseln, anschließend hochklappen und andrücken. Den Rand von außen ebenfalls mit dem Ei bestreichen und mit etwas Zucker bestreuen.

8. Im vorgeheizten Backofen bei 180 °C Ober-/Unterhitze auf der zweiten Schiene von unten 35 Minuten backen.

TIPP

Die Galettes schmecken auch mit tiefgekühltem Obst. Allerdings sollten Sie dann noch 2 Esslöffel Semmelbrösel in die Obstmischung geben, um den zusätzlichen Saft zu binden.

HIMBEER-QUARK-ZOPF

Durch die Himbeeren wird dieser Quarkzopf schön sommerlich. Ich esse ihn gerne im Sommer auf der Terrasse mit Freunden zu einem ausgiebigen Frühstück.

ZUTATEN

FÜR DEN TEIG

½ Würfel frische Hefe
100 g Wasser
50 g Rohrohrzucker
100 g Milch
80 g Butter
300 g Dinkelmehl Type 630
200 g Dinkelmehl Type 1050
1 TL Salz
1 Bio-Ei

FÜR DIE FÜLLUNG

100 g tiefgefrorene Himbeeren
300 g Magerquark
50 g Rohrohrzucker
1 Vanilleschote

AUSSERDEM

Mehl zum Ausrollen

SO GEHT'S

1 ZOPF

1. Hefe, Wasser und Zucker in den Mixtopf geben und **2 Minuten/37 °C/ Stufe 2** verrühren. Das Hefewasser 5 Minuten ziehen lassen.

2. Milch und Butter hinzufügen und **2 Minuten/37 °C/Stufe 2** verrühren.

3. Die restlichen Zutaten für den Teig in den Mixtopf einwiegen und **1 Minute/Teigknetstufe** verkneten.

4. Den Teig in einer Schüssel abgedeckt 60 Minuten an einem warmen Ort gehen lassen.

5. Den Teig zu einem Rechteck von ungefähr 30 cm x 40 cm auf einer gut bemehlten Arbeitsfläche ausrollen.

6. Himbeeren im sauberen Mixtopf **2 Sekunden/Stufe 6** zerkleinern, anschließend umfüllen.

7. Den Schmetterling einsetzen, dann Quark, Zucker und das Mark der Vanilleschote **20 Sekunden/Stufe 3** verrühren.

8. Die Quarkfüllung auf dem Teig verteilen, dabei am oberen schmalen Rand sowie an den Seiten etwas Platz lassen. Himbeerstücken darüber verteilen.

9. Den Teig von der schmalen Seite her aufrollen, auf ein mit Backpapier ausgelegtes Backblech legen. Die Teigrolle mittig der Länge nach aufschneiden, das obere Ende dabei nicht aufschneiden und die beiden Stränge miteinander verdrehen.

10. Im vorgeheizten Backofen bei 180 °C Ober-/Unterhitze auf der zweiten Schiene von unten 45 Minuten backen.

NUSSECKEN

Ich weiß nicht warum, aber Nussecken werden oft nur in der Weihnachtszeit gebacken. Dabei schmecken sie das ganze Jahr über. Ich mag sie gerne etwas größer geschnitten als Teilchen oder auch klein geschnitten als Kekse.

ZUTATEN

ZUTATEN FÜR DEN TEIG

150 g Butter
100 g Zucker
2 Bio-Eier
250 g Dinkelvollkornmehl
¼ TL Salz

ZUTATEN FÜR DEN BELAG

200 g + 200 g Mandeln
200 g + 200 g Haselnusskerne
200 g Butter
200 g Zucker
80 g Wasser
1 Vanilleschote

AUSSERDEM

Butter für das Blech
6 EL Aprikosenmarmelade

SO GEHT'S

24 STÜCK

1. Alle Zutaten für den Teig in den Mixtopf einwiegen und **10 Sekunden/Stufe 5** verkneten. Den Teig auf ein kleines gebuttertes Backblech ungefähr 30 cm x 40 cm verteilen und glatt drücken.

2. Den Teig 30 Minuten in den Kühlschrank stellen.

3. Je 200 g Mandeln und Haselnusskerne in den Mixtopf geben und **10 Sekunden/Stufe 10** mahlen. Die restlichen Nüsse zugeben und **2 Sekunden/Stufe 7** hacken. Die gesamten Nüsse umfüllen.

4. Die restlichen Zutaten für den Belag in den Mixtopf geben, dazu auch die ausgekratzte Vanilleschote und **5 Minuten/100 °C/Linkslauf/Stufe 1** aufkochen lassen.

5. Die flüssigen Zutaten zu den Nüssen in die Schüssel geben und gut miteinander vermischen.

6. Den festen Teig mit der Aprikosenmarmelade bestreichen und anschließend die Nussmischung gleichmäßig darauf verteilen. Mit einem Palettenmesser oder der Unterseite einer flachen Tasse andrücken.

7. Im vorgeheizten Backofen bei 180 °C Umluft auf der mittleren Schiene 20 Minuten backen.

TIPP

Die fertigen Nussecken mit geschmolzener Zartbitterschokolade verzieren.

Hausfeunde

WEIHNACHTLICHE HAUSFREUNDE

Hausfreunde sind die Lieblingsweihnachtskekse meines Freundes und ich muss sagen: zu Recht. Herrlich simpel zu machen, aber immer ein wahrer Genuss. Ich esse sie am liebsten mit Walnüssen, er mit Haselnüssen. Ich bin gespannt, was Ihre Lieblingsvariante wird.

40 STÜCK

ZUTATEN

50 g + 200 g Walnusskerne
100 g Cranberries
100 g Zartbitterschokolade
3 Bio-Eier
100 g Rohrohrzucker
1 TL selbst gemachter Vanillezucker
250 g Dinkelmehl Type 1050
1 TL Weinsteinbackpulver

SO GEHT'S

1. 50 g Walnusskerne **5 Sekunden/Stufe 10** mahlen.

2. Die restlichen Walnusskerne, Cranberries und Zartbitterschokolade in Stücken in den Mixtopf geben und **3 Sekunden/Stufe 7** hacken.

3. Die restlichen Zutaten hinzugeben und **30 Sekunden/Linkslauf/Stufe 3** mithilfe des Spatels verrühren.

4. Den Teig in 4 Portionen aufteilen und jeweils zu etwa 30 cm langen Broten formen.

5. Die Keksbrote auf ein mit Backpapier ausgelegtes Backblech legen und im vorgeheizten Backofen bei 150 °C Ober-/Unterhitze auf der zweiten Schiene von unten 30 Minuten backen.

6. Die Keksbrote nach dem Backen in 1–2 cm dicke Stücke schneiden.

TIPP

Tauschen Sie die Walnusskerne gegen Haselnusskerne, Mandeln oder eine Mischung aus allen Nüssen.

STOLLEN VON MEINER MAMA

Meine Mutter macht den Stollen immer ohne Marzipan, obwohl er dann streng genommen gar kein Stollen mehr ist. Egal ob mit oder ohne Marzipan, für mich ist er gebackenes Weihnachtsglück.

ZUTATEN

FÜR DEN TEIG

5 Bio-Eier
200 g Butter
200 g Zucker
250 g Quark 20% Fett
1 Vanilleschote
1 Bio-Zitrone
200 g Dinkelmehl Type 630
150 g Dinkelvollkornmehl
1 Päckchen Weinsteinbackpulver

EINLAGE

100 g Zitronat
100 g Orangeat
100 g Rosinen
100 g Cranberries
125 g Mandeln
125 g Haselnusskerne
125 g Walnusskerne

AUSSERDEM

Kastenform
200 g Marzipan (optional)
Butter und Mehl für die Form
Puderzucker zum Servieren

SO GEHT'S

2 STOLLEN

1. Zutaten für den Teig in den Mixtopf geben und **30 Sekunden/Stufe 5** mithilfe des Spatels verrühren.

2. Die restlichen Zutaten hinzugeben und **1,5 Minuten/Stufe 5** mithilfe des Spatels verrühren. Der Stollenteig ist ein schwerer Teig und durch die Einlage wird er noch kompakter. Falls sich nicht alles perfekt im Thermomix vermischt, ist dies nicht schlimm. Den Rest können Sie per Hand vermengen.

3. Den Teig auf eine leicht bemehlte Arbeitsfläche geben, ggf. von Hand verkneten und in 2 Stücke teilen.

4. Optional: Marzipan vierteln und zu Schlangen rollen, die die Länge Ihrer Kastenform haben. Jede Kastenform zur Hälfte mit Teig füllen, je 2 Marzipanschlangen darauflegen und den restlichen Teig auf die Formen verteilen.

5. Im vorgeheizten Backofen bei 180 °C Ober-/Unterhitze auf der zweiten Schiene von unten für 80 Minuten backen.

6. Nach dem Auskühlen die Stollen mit Puderzucker bestäuben.

TIPP

Sie können auch Stollen-Muffins backen. Füllen Sie dazu den Teig in Muffinförmen und backen Sie sie bei 180 °C Ober-/Unterhitze auf der zweiten Schiene von unten für 25–30 Minuten.

SHORTBREAD MIT KUMQUATS

Shortbreads sind eigentlich nur Kekse aus Mürbeteig, quasi das Filet des Streuselkuchens. Sie schmecken schön buttrig süß und durch die Kumquats kommt eine leicht herbe Note dazu. Ich mag diesen Kontrast von süß und bitter gerne, falls Sie kein Fan davon sein sollten, lassen Sie die Kumquats einfach weg.

28 STÜCK

ZUTATEN

250 g kalte Butter

100 g Rohrohrzucker

300 g Dinkelmehl Type 630 oder 1050

Mark einer halben Vanilleschote

1 Bio-Ei

AUSSERDEM

6 Kumquats

SO GEHT'S

1. Alle Zutaten in den Mixtopf einwiegen und **10 Sekunden/Stufe 6** verkneten.

2. Den Teig auf der Arbeitsfläche mit den Händen zu einer Kugel formen und in einer Schüssel mit Deckel 1 Stunde im Kühlschrank ruhen lassen.

3. Den Teig auf ein kleines gebuttertes Backblech etwa 30 cm x 40 cm verteilen und glatt drücken.

4. Die gewaschenen Kumquats in Scheiben schneiden und auf dem Teig verteilen.

5. Mit einem Messer die späteren Schnittkannten vorzeichnen, so bricht das Shortbread später nicht so schnell beim Schneiden.

6. Im vorgeheizten Backofen bei 160 °C Ober-/Unterhitze auf der zweiten Schiene von unten 45 Minuten backen.

7. Das fertige Shortbread 10 Minuten in der Form abkühlen lassen und anschließend auf einem Brett in Stücke schneiden.

TIPP

Aus dem Teig können Sie auch Ausstechplätzchen machen.

ZARTBITTERE NUSS-DONUTS

Eigentlich werden Donuts frittiert. Da mir das meist zu aufwendig ist, backe ich sie gerne im Backofen. Sie schmecken dann zwar nicht so „saftig“, sind aber dafür auch nicht so fettig.

ZUTATEN

FÜR DEN TEIG

70 g Haselnusskerne
30 g Zartbitterschokolade
30 g weiche Butter
2 Bio-Eier
150 g Buttermilch
150 g Dinkelmehl Type 630
15 g Stärkemehl
2 TL Weinsteinbackpulver
50 g Rohrohrzucker
¼ TL Salz
2 EL echtes Kakaopulver

AUSSERDEM

Minidonutblech
Pflanzenöl für die Form

SO GEHT'S

24 STÜCK

1. Die Haselnusskerne in den Mixtopf geben und **10 Sekunden/Stufe 10** mahlen.

2. Die Schokolade in Stücken in den Mixtopf geben und **3 Sekunden/Stufe 5** zerkleinern.

3. Die restlichen Zutaten dazugeben und **30 Sekunden/Linkslauf/Stufe 5** verrühren.

4. Das Minidonutblech dünn mit Öl auspinseln und den Teig einfüllen.

5. Im vorgeheizten Backofen bei 180 °C Ober-/Unterhitze auf der mittleren Schiene 20 Minuten backen.

GRAPEFRUIT-MOHN-DONUTS

Eine hellere und fruchtigere Version der Donuts aus dem Backofen. Die Minidonuts sind schnell gemacht, wenn Sie spontan Lust auf etwas Süßes bekommen. Mit ein wenig Royal Frosting werden sie außerdem zum Highlight auf jedem Kaffeetisch.

24 STÜCK

ZUTATEN

FÜR DEN TEIG

¼ Schale einer Bio-Grapefruit
50 g Rohrohrzucker
1 EL Saft der Grapefruit
1 TL Mohn
20 g weiche Butter
2 Bio-Eier
150 g Buttermilch
170 g Dinkelmehl Type 630
15 g Stärkemehl
2 TL Weinsteinbackpulver
¼ TL Salz

FÜR DAS ROYAL FROSTING

1 Bio-Eiweiß
¼ TL Meersalz
200 g–250 g Puderzucker

AUSSERDEM

Minidonutblech
Pflanzenöl für die Form

SO GEHT'S

1. ¼ der Grapefruit mit dem Sparschäler dünn abschälen und zusammen mit dem Zucker **5 Sekunden/Stufe 7** zerkleinern.

2. Die restlichen Zutaten dazugeben und **30 Sekunden/Stufe 5** verrühren.

3. Das Minidonutblech dünn mit Öl auspinseln und den Teig einfüllen.

4. Im vorgeheizten Backofen bei 180 °C Ober-/Unterhitze auf der mittleren Schiene 20 Minuten backen.

5. Für das Royal Frosting den Schmetterling einsetzen und das Eiweiß zusammen mit dem Salz **2 Minuten/Stufe 4** steif schlagen.

6. Puderzucker je nach gewünschter Konsistenz zugeben und **30 Sekunden/Stufe 3** verrühren.

TIPP

Anstelle der Grapefruit können Sie auch eine Bio-Zitrone nehmen.

FRÜHLINGSTORTE

Hier habe ich kalorientechnisch ausnahmsweise einmal aus dem Vollen geschöpft, aber bei einer Torte darf das auch mal sein. Sie ist zwar etwas aufwendiger, aber es lohnt sich. Denn sie schmeckt locker leicht und schön fruchtig. Für mich ist sie die perfekte Torte.

ZUTATEN

FÜR DEN TORTENBODEN

100 g Pistazien

1 reife Avocado (ca. 120 g)

4 Bio-Eier

100 g Rohrohrzucker

2 TL selbst gemachter Vanillezucker

200 g Dinkelmehl Type 630

¼ TL Meersalz

1 Päckchen Weinsteinbackpulver

FÜR DIE VANILLEBUTTERCREME

3 Bio-Eier

100 g Rohrohrzucker

Mark einer Vanilleschote

250 g weiche Butter

FÜR DIE ERDBEERBUTTERCREME

200 g Erdbeeren

3 Bio-Eier

100 g Rohrohrzucker

250 g weiche Butter

SO GEHT'S

1 KUCHEN

1. Pistazien in den Mixtopf geben und **5 Sekunden/Stufe 10** mahlen, anschließend umfüllen.

2. Den Schmetterling einsetzen und die Avocado **1 Minute/Stufe 4** pürieren. Mit dem Spatel hinunterschieben und nochmals **1 Minute/Stufe 4** pürieren, anschließend umfüllen.

3. Mixtopf und Schmetterling spülen, Schmetterling wieder in den Mixtopf einsetzen.

4. Die Eier **4 Minuten/50 °C/Stufe 4** aufschlagen.

5. Zucker und Vanillezucker zugeben und weitere **5 Minuten/Stufe 3** schaumig aufschlagen. Den Schmetterling entfernen.

6. Das Avocadopüree hinzugeben und **30 Sekunden/Stufe 3** verrühren.

7. Die restlichen Zutaten für den Teig inkl. der Pistazien zugeben und **30 Sekunden/Stufe 4** verrühren. Den Teig in eine gefettete Springform füllen.

8. Im vorgeheizten Backofen bei 180 °C Ober-/Unterhitze auf der zweiten Schiene von unten 20–30 Minuten, je nach Größe der Springform, backen.

9. Für die Rhabarber-Curd, den Rhabarber in Stücken in den Mixtopf geben und **3 Sekunden/Stufe 6** zerkleinern.

10. Wasser und Zitronensaft zugeben und **10 Minuten/100 °C/Stufe 1** einkochen lassen.

11. Den Rharbarberkompott durch ein Haarsieb geben und die Flüssigkeit auffangen. Den Mixtopf ausspülen.

12. 250 g des Rhabarbersaftes zurück in den Mixtopf geben und zusammen mit dem Zucker und Vanillezucker **10 Sekunden/Stufe 4** verrühren.

13. Die Speisestärke mit 2 Esslöffeln Wasser glatt rühren und zusammen mit 2 Eiern und 4 Eigelb in den Mixtopf geben, **20 Minuten/90 °C/Stufe 2** einkochen lassen, bis das Rhabarber-Curd andickt.

14. Die Butter zugeben und **20 Sekunden/Stufe 5** unterrühren. Die Rhabarber Curd in ausgekochte Marmeladengläser füllen.

15. Für die Vanillebuttercreme den Schmetterling einsetzen und die Eier **3 Minuten/50 °C/Stufe 4** schaumig aufschlagen.

16. Zucker und Vanillemark hinzufügen und weitere **5 Minuten/Stufe 3** schaumig aufschlagen, anschließend die Masse umfüllen.

Hier geht's weiter >>

ZUTATEN

FÜR DIE RHABARBER-CURD

500 g Rhabarber

70 g Wasser

1 EL Zitronensaft

100 g Rohrohrzucker

1 EL selbst gemachter Vanille-zucker

6 Bio-Eier (von 4 nur das Eigelb)

2 TL Stärkemehl

100 g Butter

AUSSERDEM

Springform (18 cm)

Butter für die Form

SO GEHT'S

17. Die weiche Butter in den Mixtopf geben und mithilfe des Schmetterlings **3 Minuten/Stufe 4** schaumig aufschlagen.

18. Den Thermomix auf **Stufe 4** einschalten und den Eierschaum langsam durch die Deckelöffnung in den Mixtopf laufen lassen. Ist der gesamte Eierschaum im Mixtopf, die Buttercreme weitere **30 Sekunden/Stufe 4** verrühren lassen.

19. Die Buttercreme umfüllen und abgedeckt bis zur Verwendung in den Kühlschrank stellen.

20. Für die Erdbeerbuttercreme, die geputzten Erdbeeren in den Mixtopf einwiegen und **5 Sekunden/Stufe 5** pürieren. Anschließend **20 Minuten/100 °C/Stufe 2** ohne Deckel einkochen lassen, bis die Flüssigkeit fast vollständig verdampft ist. Bei sehr saftigen Erdbeeren kann dies auch 25–30 Minuten dauern.

21. Nehmen Sie die Vanillebuttercreme und rühren Sie das abgekühlte Erdbeermark **30 Sekunden/Stufe 4** unter.

22. Torte schichten: Den Tortenboden zweimal aufschneiden, sodass Sie 3 Tortenböden haben. Beträufeln Sie den unteren Tortenboden mit dem übrig gebliebenen Rhabarber-saft. Streichen Sie eine Schicht Rhabarber-Curd auf die Torte und darauf eine Schicht Erdbeerbuttercreme.

23. Legen Sie nun den zweiten Tortenboden darauf und verfahren Sie genauso wie mit dem ersten: Rhabarbersaft, Rhabarber-Curd und Erdbeerbuttercreme.

24. Zum Abschluss kommt der dritten Boden auf die Torte, so gestapelt geht die Torte ½ Stunde in den Kühlschrank.

25. Streichen Sie eine dünne Schicht Vanillebuttercreme auf die Seiten und den oberen Boden der Torte, so binden Sie alle losen Krümel. Stellen Sie die Torte weitere 30 Minuten in den Kühlschrank.

26. Ist die erste Schicht Vanillebuttercreme fest geworden, streichen Sie die Torte komplett mit einer dicken Schicht Vanillebuttercreme ein. Anschließend darf sie bis zum Servieren, jedoch mindestens 1 Stunde, wieder in den Kühlschrank.

27. Torte mit frischen Erdbeeren belegen!

NUSSKNOTEN

Zugegeben ich bin ein großer Freund von Hefegebäck, auch wenn es durch die Gehzeit etwas länger dauert. Die Nussknoten können Sie sowohl zum Frühstück aufgeschnitten mit etwas Butter essen, als auch nachmittags zum Kaffee.

ZUTATEN

FÜR DEN TEIG

½ Würfel Hefe
200 g Milch
50 g Honig
300 g Dinkelmehl Type 630
100 g Dinkelvollkornmehl
70 g Butter
¼ TL Meersalz

FÜR DIE FÜLLUNG

50 g Walnusskerne
50 g Mandeln
50 g Macadamia
50 g Butter
50 g Vollrohrzucker
1 TL Zimt (optional)

SO GEHT'S

24 STÜCK

1. Für die Füllung die Nüsse in den Mixtopf geben, **2 Sekunden/Stufe 7** hacken und umfüllen.

2. Hefe, Milch und Honig in den Mixtopf einwiegen und **2 Minute/37 °C/Stufe 2** verrühren.

3. Die Hefemilch 5 Minuten stehen lassen.

4. Die restlichen Zutaten zugeben und **2,5 Minuten/Teigknetstufe** verkneten.

5. Den Teig 60 Minuten abgedeckt an einem warmen Ort gehen lassen.

6. Die Zutaten für die Füllung in den Mixtopf geben und **2 Minuten/50 °C/Linkslauf/Stufe 2** verrühren bis die Butter geschmolzen ist.

7. Halbieren Sie den Teig und rollen Sie beide Teile auf einer leicht bemehlten Arbeitsfläche rechteckig (etwa 40 cm x 30 cm) aus, achten Sie darauf, dass beide Rechtecke ungefähr gleich groß werden.

8. Verteilen Sie auf einem Rechteck die Füllung, legen Sie dann das zweite Teigstück darauf.

9. Nun schneiden Sie das Teigsandwich in ungefähr 3 cm breite Streifen und dann halbieren Sie sie einmal der Länge nach. Nun sollten Sie 24 Teigstreifen von ungefähr 3 cm x 15 cm vor sich liegen haben.

10. Verdrehen Sie jeden Teigstreifen der Länge nach, verknoten Sie ihn und setzen Sie ihn rund geformt auf ein Backblech.

11. Die Nussknoten abgedeckt 20 Minuten gehen lassen.

12. Im vorgeheizten Backofen bei 180 °C Ober-/Unterhitze auf der mittleren Schiene 15 Minuten goldbraun backen.

ZITRONENMUFFINS MIT PISTAZIEN

Diese Muffins sind eines der beliebtesten Rezepte auf meinem Blog. Deshalb dachte ich mir, dass es in meinem Buch nicht fehlen darf. Die Mischung aus Pistazien und Rosen ist aber auch besonders hübsch, oder was meinen Sie?

12 STÜCK

ZUTATEN

120 g Butter
80 g Rohrohrzucker
2 Bio-Eier
150 g Ricotta
2 Bio-Zitronen
200 g Dinkelvollkornmehl
¼ TL Meersalz
2 TL Weinsteinbackpulver

FÜR DIE GLASUR

50 g Puderzucker
2 TL Zitronensaft
100 g geröstete und gesalzene Pistazien
6 getrocknete Rosenblüten

AUSSERDEM

Muffinform

SO GEHT'S

1. Den Schmetterling einsetzen.

2. Die zimmerwarme Butter und Zucker in den Mixtopf geben und **4 Minuten/Stufe 3** verrühren.

3. Nach 3 Minuten das erste Ei durch die Deckelöffnung geben, 30 Sekunden später das zweite Ei.

4. Den Schmetterling entfernen.

5. Ricotta, abgeriebene Schale von 2 Zitronen und Saft von 1 Zitrone in den Mixtopf geben und **30 Sekunden/Stufe 4** verrühren.

6. Mehl, Salz und Backpulver in den Mixtopf geben und weitere **20 Sekunden/Stufe 6** verrühren.

7. Den Teig auf die 12 Muffinförmchen verteilen und 15–20 Minuten bei 180 °C Umluft im vorgeheizten Backofen auf mittlerer Schiene backen.

8. Fertige Muffins auf einem Kuchengitter auskühlen lassen.

9. Puderzucker mit 2 TL Zitronensaft anrühren.

10. Abgekühlte Muffins mit dem Zuckerguss beträufeln und mit Pistazien und Rosenblüten bestreuen.

BLAUBEERKUCHEN MIT BUTTERMILCH

Ein Blechkuchen mit Buttermilch und reichlich Blaubeeren, die ihn herrlich saftig machen. Der Kuchen ist schnell gemacht und schmeckt sowohl mit frischen als auch tiefgekühlten Beeren.

ZUTATEN

FÜR DEN TEIG

3 Bio-Eier
290 g Buttermilch
150 g Rohrohrzucker
Mark ½ Vanilleschote
Schale von 2 Bio-Zitronen
Saft von 1 Bio-Zitrone
100 g Dinkelvollkornmehl
300 g Dinkelmehl Type 630
1 Päckchen Weinsteinbackpulver
¼ TL Meersalz

FÜR DEN BELAG

500 g Blaubeeren

AUSSERDEM

Butter und Mehl für die Form

SO GEHT'S

1 KLEINES BLECH

1. Ein kleines Backblech (30 cm x 40 cm) mit Butter fetten und leicht bemehlen oder mit Backpapier auslegen.

2. Backofen auf 180 °C Ober-/Unterhitze vorheizen.

3. Eier, Buttermilch, Zucker, Vanille, Zitronenschale und -saft in den Mixtopf einwiegen und **30 Sekunden/Stufe 4** verrühren.

4. Restliche Zutaten für den Teig in den Mixtopf einwiegen und **30 Sekunden/Stufe 5** verrühren.

5. Den Teig auf das vorbereitete Backblech gießen und glattstreichen.

6. Die gewaschenen und abgetropften Blaubeeren darauf verteilen.

7. Im vorgeheizten Backofen auf mittlerer Schiene 30 Minuten backen.

ABENDESSEN & SNACKS

Einfach nur gut – Baguette, Pizza, Quiche und mehr, nicht nur zum Abendessen ein Genuss, sondern auch mittags, als Snack, für das Mitternachtsbuffet …

PIZZETTE

Dieses Rezept ist aus einer Laune heraus entstanden, weil ich Lust auf Flammkuchen mit einem kräftigen Teig hatte. Oft schmeckt mir der Flammkuchenteig zu langweilig und es fehlt an Käse. Ändert man das, kommen diese sagenhaften Pizzetten heraus.

ZUTATEN

8 STÜCK

FÜR DEN TEIG

½ Würfel frische Hefe
150 ml Wasser
1 TL Zucker
100 g Milch
350 g Dinkelmehl Type 1050
150 g Roggenvollkornmehl
1 TL Meersalz

FÜR DIE CREME

200 g mittelalter Gouda
400 g Crème fraîche
4 TL Zitronensaft
2 TL Meersalz
schwarzer Pfeffer aus der Mühle nach Geschmack

BELAG #1

2 frische Feigen
1 kleine rote Zwiebel
etwa 8 Zweige frischer Thymian
1 große oder 4 kleine Kugeln Büffelmozzarella

BELAG #2

1 reife, süße Birne
100 g kräftiger Gorgonzola
1 Handvoll Pekan- oder Walnusskerne
4 Zweige frischer Rosmarin

SO GEHT'S

1. Hefe, Wasser und Zucker in den Mixtopf einwiegen und **2 Minuten/37 °C/ Stufe 2** verrühren.

2. Das Hefewasser 5 Minuten stehen lassen.

3. Die restlichen Zutaten für den Teig in den Mixtopf einwiegen und **3 Minuten/Teigknetstufe** verkneten.

4. Den Teig in eine Schüssel umfüllen und abgedeckt 90 Minuten an einem warmen Ort gehen lassen.

5. Den Teig in 8 Stücke à 100 g teilen und oval ausrollen. Die Teiglinge auf mit Backpapier ausgelegte Backbleche legen. Nochmals 20 Minuten gehen lassen.

6. Den Mixtopf kalt ausspülen und den in Stücke geschnittenen kalten Gouda **10 Sekunden/Stufe 10** reiben.

7. Crème fraîche, Zitronensaft, Salz und Pfeffer zugeben und **10 Sekunden/ Stufe 4** verrühren.

8. Die Creme gleichmäßig auf den Teiglingen verteilen.

9. 4 der Pizzetten mit in Scheiben geschnittenen frischen Feigen, roter Zwiebel und frischem Thymian belegen. Nach dem Backen mit zerrupftem Büffelmozzarella belegen.

10. Die zweite Hälfte der Pizzetten mit in dünne Scheiben geschnittenen Birnen, Nüssen, Gorgonzola und frischem Rosmarin belegen.

11. Die Pizzetten für 20–25 Minuten im vorgeheizten Backofen bei 200 °C Ober-/Unterhitze auf der zweiten Schiene von unten backen.

ITALIENISCHES BROT

Ich liebe dieses Brot, es hat schöne große Poren und eine fein säuerliche Note durch die lange Gehzeit. Am liebsten esse ich es abends mit Käse und eingelegtem Antipasti.

ZUTATEN

½ **Würfel frische Hefe**
350 g Wasser
1 TL Rohrohrzucker
450 g Dinkelmehl Type 630
1–2 TL Meersalz

SO GEHT'S

1 BROT

1. Hefe, Wasser und Zucker in den Mixtopf einwiegen und **1 Minute/37 °C/ Stufe 2** verrühren. Das Hefewasser 5 Minuten ziehen lassen.

2. Mehl und Salz zugeben und **2,5 Minuten/Teigknetstufe**.

3. Den Teig in eine Schüssel umfüllen und 21 Stunden kühl gehen lassen.

4. Auf einer bemehlten Arbeitsfläche den Teig flach drücken und zusammenfalten. Den Vorgang so lange wiederholen, bis sich eine Kugel formt.

5. Die Teigkugel mit etwas Mehl bestäuben, in eine runde Auflaufform mit Deckel geben und nochmals 2 Stunden gehen lassen.

6. Im vorgeheizten Backofen bei 230 °C Ober-/Unterhitze mit geschlossenem Deckel 30 Minuten backen. Deckel abnehmen und weitere 20 Minuten backen.

TIPP

Wenn Sie das Brot auch gerne von unten sehr knusprig haben möchten, nehmen Sie das Brot 10 Minuten vor Ende der Backzeit aus der Form. Legen Sie es auf ein Rost und backen Sie es fertig.

ROGGENMEHL-LAUGENECKEN

Etwas untypische Laugenbrötchen, da der Teig dunkel und so die charakteristische Braunfärbung kaum zu sehen ist. Dafür schmecken die Brötchen durch das Roggen- und Vollkornmehl sehr herzhaft. Sie sind außen wunderbar knusprig und innen weich.

ZUTATEN

FÜR DEN TEIG

30 g frische Hefe
100 g Wasser
1 TL Rohrohrzucker
200 g Roggenmehl
250 g Vollkorndinkelmehl
100 g Milch
150 g Joghurt
1 TL Meersalz
10 g Rapsöl

FÜR DIE LAUGE

50 g Natron

AUSSERDEM

80 g flüssige Butter
Sesam oder grobes Meersalz

SO GEHT'S

8 STÜCK

1. Hefe, Wasser und Zucker in den Mixtopf geben und **1 Minute/37 °C/ Stufe 2** verrühren. Das Hefewasser 5 Minuten ziehen lassen.

2. Die restlichen Zutaten für den Teig in den Mixtopf einwiegen und **2,5 Minuten/Teigknetstufe** verkneten.

3. Den Teig in einer Schüssel abgedeckt 90 Minuten an einem warmen Ort gehen lassen.

4. 80 g Butter schmelzen lassen und bereitstellen.

5. Den Teig in 8 Stücke à 100 g teilen und diese zu Kugeln formen.

6. Die erste Teigkugel rund, mit einem Durchmesser von ungefähr 20 cm, ausrollen. Den Teigkreis auf ein mit Backpapier ausgelegtes Backblech legen und dünn mit der geschmolzenen Butter bestreichen. Mit allen weiteren Teigkugeln genauso verfahren, aufeinander legen. Die oberste Teigschicht nicht mehr mit Butter bestreichen.

7. Jetzt sollten alle 8 Teigschichten übereinander auf dem Backblech liegen, diese vorsichtig mit den Händen aufeinanderdrücken. Anschließend mit einem scharfen Messer in 8 Stücke schneiden und auseinanderlegen.

8. Die Laugenecken mit einem sauberen Geschirrtuch abdecken und 20 Minuten gehen lassen.

9. In der Zwischenzeit 1 Liter Wasser aufkochen und in eine Schüssel umfüllen, das Natron zugeben und unter Rühren auflösen.

10. Die Laugenecken nacheinander in die Lauge geben, kurz darin baden lassen und mit einem Schaumlöffel herausnehmen. Abtropfen lassen und zurück auf das Backblech geben.

11. Sobald alle Laugenecken gebadet und wieder angetrocknet sind, diese mit dem Rest flüssiger Butter bestreichen und mit Sesam oder grobem Meersalz bestreuen.

12. Die Laugenecken im vorgeheizten Backofen bei 160 °C Umluft auf der mittleren Schiene 20–25 Minuten backen.

KNOBLAUCHKNOTEN

Kleine weiche Hefebrötchen mit viel Knoblauch und ein wenig Chili. Als Beilage zum Grillen oder zusammen mit Antipasti, Käse und einem Glas Wein ein wahrer Genuss für einen perfekten Tagesausklang.

60 STÜCK

ZUTATEN

FÜR DEN TEIG

½ Würfel frische Hefe

300 g Wasser

1 TL Rohrohrzucker

500 g Weizenmehl Type 550

10 g (selbstgemachtes) Kräutersalz

20 g Olivenöl

FÜR DAS KNOBLAUCHÖL

20 g Knoblauch

50 g Olivenöl

½ TL Meersalz

½ TL Chiliflocken (optional)

SO GEHT'S

1. Alle Zutaten für das Knoblauchöl in den Mixtopf einwiegen und **10 Sekunden/Stufe 6** zerkleinern, mit dem Spatel hinunterschieben und nochmals **10 Sekunden/Stufe 6** zerkleinern. Das Öl in eine große Schüssel umfüllen, dabei das Öl ordentlich mit einem Schaber aus dem Mixtopf holen.

2. Hefe, Wasser und Zucker in den Mixtopf geben und **2 Minute/37 °C/Stufe 2** verrühren. Das Hefewasser 5 Minuten ziehen lassen.

3. Die restlichen Zutaten für den Teig in den Mixtopf einwiegen und **4 Minuten/Teigknetstufe** verkneten.

4. Den Teig in einer Schüssel abgedeckt 60 Minuten an einem warmen Ort gehen lassen.

5. Den Teig auf einer bemehlten Arbeitsfläche mit den Händen kurz durchkneten und in 4 Stücke teilen. Jedes Teigstück zu einer langen Schlange rollen. Von den Teigschlangen etwa 10 cm lange Stücke abstechen und zu kleinen Knoten binden.

6. Die Knoten auf 2 mit Backpapier ausgelegte Backbleche legen und im vorgeheizten Backofen bei 200 °C Ober-/Unterhitze auf mittlerer Schiene 15 Minuten backen.

7. Die noch heißen Knoten in die Schüssel mit dem Knoblauchöl geben und gut mit diesem vermischen. Anschließend zurück auf das Backblech kippen und etwas abkühlen lassen.

QUICHE MIT GRÜNEM SPARGEL

Früher war ich nie so ein richtiger Quiche-Fan, ich fand sie irgendwie langweilig. Bis ich anfing, mir selbst Füllungen auszudenken und diese Quiche mit grünem Spargel ist eine meiner liebsten – so frisch und frühlingshaft.

ZUTATEN

FÜR DEN TEIG

100 g Butter
250 g Weizenmehl Type 1050
1 Messbecher kaltes Wasser
1 TL Meersalz

FÜR DIE FÜLLUNG

1 kleine Schalotte
5 g Pflanzenöl
ca. 500 g grünen Spargel
1 TL Rohrohrzucker
200 g Crème fraîche
200 g Schmand
2 Bio-Eier
Abrieb 1 halben Bio-Zitrone
15 g Polenta
Meersalz
schwarzer Pfeffer aus der Mühle

AUSSERDEM

Kastenform
Butter für die Form

SO GEHT'S

1 QUICHE

1. Alle Zutaten für den Teig in den Mixtopf einwiegen und **2 Minuten/Teigknetstufe** verkneten. Den Teig mit den Händen zu einer Kugel formen und abgedeckt für 30 Minuten in den Kühlschrank geben.

2. Den Teig ausrollen und in eine große oder mehrere kleine gebutterte Tarteformen drücken. Den Teig mit einer Gabel mehrfach einstechen, sodass sich keine Luftblasen beim Backen bilden.

3. Schalotte schälen und im Mixtopf **3 Sekunden/Stufe 6** zerkleinern, mit dem Spatel hinunterschieben und nochmals **3 Sekunden/Stufe 6** zerkleinern.

4. Die Schalotte mit dem Spatel nach unten schieben, Öl zugeben und **5 Minuten/Varoma/Stufe 1** dünsten.

5. Den Spargel waschen und die holzigen Enden abbrechen. Die Stangen passend für die jeweilige Auflaufform halbieren oder dritteln. 100 g der unteren Spargelstücke in dünne Scheiben schneiden. Spargelscheiben und Zucker zu der Schalotte in den Mixtopf geben **5 Minuten/Varoma/Stufe 1** im **Linkslauf** dünsten.

6. Die restlichen Zutaten für die Füllung in den Mixtopf einwiegen und **15 Sekunden/Linkslauf/Stufe 4** verrühren.

7. Den Boden im vorgeheizten Backofen bei 180 °C Umluft 10 Minuten auf mittlerer Schiene backen.

8. Die Füllung in die Form gießen und die restlichen Spargelstücke darauf verteilen.

9. Quiche 30 Minuten bei 180 °C Umluft fertig backen.

PIZZA

Pizza ist wirklich immer eine gute Idee, vor allem, wenn sie selbst gemacht ist. Der Teig lässt sich super vorbereiten und hält sich bis zu drei Tage im Kühlschrank, alternativ kann er sogar nach dem Aufgehen eingefroren werden. Die Soße ist ein Blitzrezept, das nur kalt angerührt wird. Perfekt für ein schnelles Abendessen unter der Woche.

10–12 STÜCK

ZUTATEN

FÜR DEN TEIG

1 Würfel frische Hefe

630 g Wasser

1 EL Rohrohrzucker

1 kg Weizenmehl Type 00 oder 550 oder Dinkelmehl Type 630

2 EL Salz

2 EL Olivenöl

FÜR DIE SOSSE

2 Dosen stückige Tomaten à 400 g

1 TL Meersalz

1 TL Zucker

¼–½ TL schwarzer Pfeffer

2 TL italienische Kräuter (z. B. Basilikum, Oregano, Rosmarin)

AUSSERDEM

400 g mittelalten Gouda

4 X VEGETARISCH UND MIT FISCH

1. frische Tomaten, Parmesan und Büffelmozzarella

2. frische Paprika und Rucola

3. Thunfisch und rote Zwiebel

4. Stremellachs und Crème fraîche mit Zitrone

SO GEHT'S

1. Hefe, Wasser und Zucker in den Mixtopf geben und **2 Minute/37 °C/ Stufe 2** verrühren. Das Hefewasser 5 Minuten ziehen lassen.

2. Die restlichen Zutaten für den Teig in den Mixtopf einwiegen und **4 Minuten/Teigknetstufe** verkneten. Bei Dinkelmehl nur **3 Minuten/ Teigknetstufe**.

3. Den Teig in einer Schüssel abgedeckt 60 Minuten an einem warmen Ort gehen lassen.

4. Den Käse in Stücke schneiden und in den kalt ausgespülten Mixtopf geben und **10 Sekunden/Stufe 7** reiben. Ist der Käse noch zu grob, weitere **5 Sekunden/Stufe 7** zerkleinern. Den geriebenen Käse umfüllen und bis zur Verwendung in den Kühlschrank stellen.

5. Alle Zutaten für die Soße in den Mixtopf geben und **10 Sekunden/Stufe 5** pürieren. Die Soße in ein Schraubglas umfüllen.

6. Den Teig in beliebig viele Stücke teilen, zu Kugeln formen und auf einer bemehlten Arbeitsfläche rund ausrollen. Die Teiglinge auf Backbleche legen und mit Soße bestreichen. Nach Geschmack belegen und im vorgeheizten Backofen bei 200 °C Ober-/Unterhitze etwa 15 Minuten knusprig backen.

ROGGENMEHL-BAGUETTE

Das Baguette sieht toll aus und ist wirklich ganz einfach zu backen. Es schmeckt durch den Roggenanteil schön würzig und bekommt eine extrem leckere Knusperkruste.

ZUTATEN

½ Würfel frische Hefe
330 g Wasser
1 TL Zucker
200 g Weizenmehl Type 550
200 g Dinkelmehl Type 630
100 g Roggenmehl
1 EL Salz

AUSSERDEM

Butter und Mehl für die Form

SO GEHT'S

3 BAGUETTES

1. Hefe, Wasser und Zucker in den Mixtopf geben und **2 Minuten/37 °C/ Stufe 2** verrühren. Das Hefewasser 5 Minuten ziehen lassen.

2. Die restlichen Zutaten für den Teig in den Mixtopf einwiegen und **4 Minuten/Teigknetstufe** verkneten.

3. Den Teig in einer Schüssel abgedeckt 60 Minuten an einem warmen Ort gehen lassen.

4. Den Teig auf eine bemehlte Arbeitsfläche geben und in 3 Stücke à 400 g teilen. 3 etwa 40 cm lange Baguettes formen.

5. Die Baguettes auf ein Backblech legen und leicht mit Mehl bestäuben. Jetzt mit einer sauberen Schere von der rechten Seite mittig in das Baguette schneiden. Den eingeschnittenen Teil nach rechts legen. Ein Stück weiter unten erneut mittig in den Teig schneiden, dass Teigstück nach links legen. Bis zum Ende des Baguettes so fortfahren.

6. Nachdem alle 3 Baguettes so geformt sind, im kalten Backofen bei 190 °C auf mittlerer Schiene 35 Minuten backen.

7. Schieben Sie auf die unterste Schiene Ihres Backofens ein tiefes Backblech mit 500 ml Wasser.

3 X KRÄUTERBUTTER

Was wäre ein Baguette ohne die passende Kräuterbutter? Hier habe ich für Sie meine drei liebsten Kräuterbutterrezepte passend zum Roggenbaguette aufgeschrieben:

ZUTATEN | **SO GEHT'S** | **750 G BUTTER**

LIMETTEN-PFEFFER-BUTTER

Schale 1 Bio-Limette
1 TL Meersalz
1 TL bunter Marakesch-Pfeffer
1 TL Limettensaft
250 g Sauerrahmbutter

1. Die gewaschene Limette mit dem Sparschäler dünn abschälen. Die Limettenschale in den Mixtopf geben und **20 Sekunden/Stufe 8** zerkleinern.

2. Salz hinzugeben und **10 Sekunden/Stufe 10** zerkleinern. Mit dem Spatel nach unten schieben.

3. Die restlichen Zutaten hinzugeben und **10 Sekunden/Stufe 5** vermischen.

THYMIAN-ZITRONEN-BUTTER

Schale 1 halben Bio-Zitrone
1 EL frische Thymianblättchen
1 TL Meersalz
1 TL Zitronensaft
250 g Sauerrahmbutter

1. Die gewaschene Zitrone mit dem Sparschäler zur Hälfte dünn abschälen.

2. Zitronenschale, Thymian und Salz in den Mixtopf geben und **20 Sekunden/Stufe 10** zerkleinern. Mit dem Spatel nach unten schieben.

3. Die restlichen Zutaten hinzugeben und **10 Sekunden/Stufe 5** vermischen.

KRÄUTER-KNOBLAUCH-BUTTER

1 Knoblauchzehe
1 Bund Petersilie
½ Bund Basilikum
1 TL Zitronensaft
1 TL Salz
½ TL schwarzer Pfeffer
250 g Sauerrahmbutter

1. Alle Zutaten bis auf die Butter in den Mixtopf geben und **10 Sekunden/Stufe 8** zerkleinern.

2. Die Butter hinzugeben und **10 Sekunden/Stufe 5** vermischen.

HERZHAFTE MUFFINS

Die Muffins schmecken zum Frühstück oder auch als kleiner Snack zwischendrin. Ich backe sie gerne am Wochenende und nehme sie dann die Woche über mit zur Arbeit. Die geräucherte Paprika verleiht den Muffins einen wunderbar herzhaften Geschmack und das Eigelb in der Mitte ist immer wieder eine kleine Überraschung.

ZUTATEN

6 STÜCK

50 g Brokkoli

50 g geräucherte eingelegte Paprika

1 Lauchzwiebel

100 g Emmentaler Käse

6 Bio-Eier

20 g Olivenöl

100 g Milch

100 g saure Sahne

200 g Dinkelmehl Type 1050

1 TL Weinsteinbackpulver

1 TL Meersalz

schwarzer Pfeffer aus der Mühle

¼ TL Paprika edelsüß

¼ TL Piementon de Padron (alternativ Paprika rosenscharf)

AUSSERDEM

6 Einmachgläschen/große Muffinformen

Öl für die Gläschen

SO GEHT'S

1. Brokkoli in ganz kleine Röschen zerteilen und nur diese verwenden, den Strunk für ein anderes Rezept nutzen. Die Paprika in kleine Stücke und die Lauchzwiebel in Ringe schneiden. Mir gefällt das Ergebnis von Hand geschnitten besser, Sie können das Gemüse auch im Thermomix klein schneiden.

2. Emmentaler in Stücke geschnitten in den kalt ausgespülten Mixtopf geben und **5 Sekunden/Stufe 7** zerkleinern.

3. Eiweiß, Olivenöl, Milch und saure Sahne zum Käse in den Mixtopf geben und **10 Sekunden/Stufe 4** miteinander verrühren.

4. Dinkelmehl, Backpulver und Gewürze in den Mixtopf geben **15 Sekunden/Stufe 3** verrühren.

5. Das Gemüse zugeben und **20 Sekunden/Linkslauf/Stufe 3** unterrühren.

6. 6 große Muffinformen oder Einmachgläschen mit 300 ml Volumen mit Öl auspinseln.

7. Die Gläser zu einem Drittel mit Muffinteig füllen. In jedes Glas ein Eigelb setzen und den restlichen Teig auf die Gläser verteilen.

8. Muffins im vorgeheizten Backofen bei 180 °C Ober-/Unterhitze auf der zweiten Schiene von unten 20 Minuten backen.

PARMESAN-SCONES

Eine herzhafte Variante der Scones, allerdings werden sie etwas weicher in der Konsistenz und erinnern mich fast ein wenig an mürbe Käsebrötchen. Mit einem knackigen Salat sind sie ein tolles Abendessen.

16 STÜCK

ZUTATEN

100 g Parmesan
½–1 Habanero Chili
2 Zweige frischer Rosmarin
350 g Dinkelmehl Type 1050
100 g kalte Butter
10 g Weinsteinbackpulver
½ TL Salz
1 Bio-Ei
180 g Buttermilch

AUSSERDEM

Olivenöl zum Bestreichen

SO GEHT'S

1. Parmesan in Stücke brechen und zusammen mit der Habanero und den frischen Rosmarinnadeln in den Mixtopf geben, **4 Sekunden/Stufe 8** zerkleinern. 2 Esslöffel der Mischung herausnehmen und zur Seite stellen.

2. Mehl, Butter, Backpulver und Salz hinzugeben und **10 Sekunden/Stufe 5** vermengen.

3. Ei und Buttermilch **30 Sekunden/Teigknetstufe** mit den restlichen Zutaten verkneten.

4. Den Teig auf einer leicht bemehlten Arbeitsfläche in 2 Teile teilen. Jedes Teigstück rund formen und zusammen auf ein mit Backpapier ausgelegtes Backblech legen.

5. Beide Teigstücke mit einem scharfen Messer achteln, dünn mit Öl bestreichen und mit der Parmesanmischung bestreuen.

6. Im vorgeheizten Backofen bei 200 °C Ober-/Unterhitze auf der zweiten Schiene von unten 15–20 Minuten backen.

CAPRESE-ZUPFBROT

Zupfbrote sind die klassischen Sommerbrote, weil man sie so toll mit den Fingern auseinanderzupfen kann. Sie brauchen weder ein Messer noch einen Teller und können es sich im Garten gemütlich machen.

ZUTATEN

FÜR DEN TEIG

½ Würfel frische Hefe
300 g Wasser
1 TL Rohrohrzucker
150 g Dinkelmehl Type 550
350 g Dinkelmehl Type 1050
2 TL Meersalz
20 g Olivenöl
1 TL getrockneter Oregano

FÜR DIE FÜLLUNG

1 Handvoll frisches Basilikum
50 g Olivenöl
½ TL Meersalz
1 Knoblauchzehe
1–2 Strauchtomaten
300 g festen Mozzarella

AUSSERDEM

Kastenform
Olivenöl zum Bestreichen

SO GEHT'S

1 BROT

1. Hefe, Wasser und Zucker in den Mixtopf geben und **2 Minuten/37 °C/ Stufe 2** verrühren. Das Hefewasser 5 Minuten ziehen lassen.

2. Die restlichen Zutaten für den Teig in den Mixtopf einwiegen und **3 Minuten/Teigknetstufe** verkneten.

3. Den Teig auf einer bemehlten Arbeitsfläche mit den Händen durchkneten, rund formen und in einer Schüssel abgedeckt 60 Minuten an einem warmen Ort gehen lassen.

4. Mozzarella in Stücken in den Mixtopf geben und **3 Sekunden/Stufe 5** zerkleinern, anschließend umfüllen.

5. Basilikum, Olivenöl, Salz und die Knoblauchzehe in den Mixtopf geben und 2-mal **10 Sekunden/Stufe 6** pürieren, zwischendurch mit dem Spatel nach unten schieben.

6. Die Tomaten ins sehr dünne Scheiben schneiden.

7. Die Kastenform dünn mit Öl auspinseln.

8. Den Teig auf einer bemehlten Arbeitsfläche zu einem Rechteck von 30 cm x 40 cm ausrollen und mit dem Basilikumöl bestreichen. Den Teig in 10 cm x 10 cm große Stücke schneiden.

9. Auf jedes Teigstück eine Scheibe Tomate legen, anschließend den Mozzarella über allen Teigstücken verteilen.

10. Die Teigstücke stapeln und in die Kastenform stellen. Den heruntergefallenen Mozzarella über das Brot in die Form streuen.

11. Das Brot 30 Minuten gehen lassen.

12. Im vorgeheizten Backofen bei 200 °C Ober-/Unterhitze auf der zweiten Schiene von unten 40 Minuten backen. Nach 20 Minuten auf Unterhitze und 180 °C stellen.

13. Das Brot nach dem Backen so schnell wie möglich auf ein Auskühlgitter stellen, sonst wird es unten sehr feucht.

FOCACCIA MIT TOMATEN UND ROSMARIN

Focaccia habe ich das erste Mal in Italien gegessen, abends in einer kleinen Taverne. Seitdem hat mich der Geschmack nicht mehr losgelassen. Ich habe viel herumprobiert, bis ich die Focaccia aus meiner Urlaubserinnerung bei mir zu Hause backen konnte.

1 FOCACCIA

ZUTATEN

FÜR DEN TEIG

½ Würfel frische Hefe
300 g Wasser
1 TL Rohrohrzucker
500 g Weizenmehl Type 1050
2 TL Meersalz

FÜR DEN BELAG

20 Kirschtomaten
2 Zweige frischer Rosmarin
Meersalz

AUSSERDEM

Olivenöl

SO GEHT'S

1. Hefe, Wasser und Zucker in den Mixtopf geben und **2 Minuten/37 °C/ Stufe 2** verrühren. Das Hefewasser 5 Minuten ziehen lassen.

2. Die restlichen Zutaten für den Teig in den Mixtopf einwiegen und **5 Minuten/Teigknetstufe** verkneten.

3. Den Teig auf einer mit Olivenöl eingestrichenen Arbeitsfläche mit den Händen rund formen und in einer Backform abgedeckt 30 Minuten an einem warmen Ort gehen lassen.

4. Die gewaschenen Kirschtomaten und die Rosmarinzweige auf der Focaccia verteilen, alles mit Olivenöl bestreichen. Die Focaccia mit Meersalz bestreuen.

5. Im vorgeheizten Backofen bei 220 °C Ober-/Unterhitze auf der zweiten Schiene von unten 20 Minuten backen.

TIPP

Das Weizenmehl durch Dinkelmehl Type 1050 ersetzen und die Knetzeit auf 2,5 Minuten verringern.

KÄSEIGEL

MANCHEGO-KEKSE

Das erste Mal habe ich diese Kekse vor über zehn Jahren gebacken. Es war ein Geburtstagsgeschenk und direkt beim ersten Versuch der absolute Kracher. Seitdem backe ich sie eigentlich regelmäßig, wenn ich Besuch bekomme. Denn die Manchego-Kekse sind so viel toller als schnöde Chips aus der Tüte.

CA. 70 STÜCK

ZUTATEN

200 g Manchego
100 g Dinkelvollkornmehl
150 g Dinkelmehl Type 1050
170 g kalte Butter
¼–½ TL Chilipulver
½ TL Meersalz

AUSSERDEM

Keksausstecher
Mehl zum Verarbeiten

SO GEHT'S

1. Den Manchego in Stücken in den Mixtopf geben und **10 Sekunden/Stufe 10** zerkleinern.

2. Die restlichen Zutaten hinzugeben und **15 Sekunden/Stufe 5** verkneten.

3. Den Teig 30 Minuten im Kühlschrank ruhen lassen.

4. Den Teig auf einer leicht bemehlten Arbeitsfläche etwa 5 mm dick ausrollen und mit einem Keksausstecher Ihrer Wahl ausstechen.

5. Die Kekse im vorgeheizten Backofen bei 180 °C Ober-/Unterhitze auf der mittleren Schiene 12 Minuten backen.

TIPP

Sie mögen es nicht so gerne scharf? Dann ersetzen Sie das Chilipulver durch einen Teelöffel getrockneten Thymian.

MAYONNAISE-BRÖTCHEN

Seitdem ich einen Thermomix habe, mache ich meine Mayonnaise immer selbst. Da die frische Mayo nicht so lange haltbar ist, backe ich gerne diese Brötchen als „Resteverwertung".

10 STÜCK

ZUTATEN

½ Würfel frische Hefe
300 ml lauwarmes Wasser
1 TL Rohrohrzucker
200 g Dinkelvollkornmehl
200 g Dinkelmehl Type 630
200 g Roggenvollkornmehl
1 Bio-Ei
60 g Mayonnaise
1 EL Rapsöl
1 EL Apfelessig

SO GEHT'S

1. Hefe, Wasser und Zucker in den Mixtopf einwiegen und **1 Minute/37 °C/ Stufe 2** verrühren.

2. Das Hefewasser 5 Minuten stehen lassen.

3. Die restlichen Zutaten dazugeben und **2,5 Minuten/Teigknetstufe** verkneten.

4. Den Teig 30 Minuten abgedeckt an einem warmen Ort gehen lassen.

5. Aus dem Teig 10 Brötchen formen und auf 2 Backbleche legen.

6. Die Brötchen mit Mehl bestäuben und mittig mit einem scharfen Messer einschneiden.

7. Die Brötchen mit sauberen Geschirrtüchern abgedeckt nochmals 30 Minuten gehen lassen.

8. Im vorgeheizten Backofen bei 200 °C Ober-/Unterhitze auf der zweiten Schiene von unten 18 Minuten backen.

ÜBER DIE AUTORIN

Heike Niemoeller zeigt seit 2014 auf ihrem Blog www.relleomein.de leckere Rezeptideen. Wie praktisch ein Thermomix sein kann, hat sie bereits vor ihrem neuen Job als Mama erkannt. In diesem Buch hat sie ihre liebsten Rezepte zusammengestellt, vom Sonntagsfrühstück bis zur Kaffeetafel.

DANKSAGUNG

Mein allergrößter Dank gilt Thomas und Ben, den beiden liebsten und wichtigsten Menschen in meinem Leben. Ohne Euch, ohne Eure Liebe und natürlich ohne Euren Appetit würde es dieses Buch nicht geben. Thomas, ohne Dich hätte ich nie den Mut aufgebracht, ein Buch zu schreiben. Ohne Dich hätte ich nie eine Kamera in die Hand genommen und würde jetzt nicht stolz ein ganzes Buch mit eigenen Fotos vor mir liegen haben. Vielen Dank!

Ich möchte mich auch bei Angelo, Christa, Daniel, Heide, Julius, Nicole, Peter und Vanessa bedanken, die sich die Wochenenden um die Ohren geschlagen haben. Für die vielen Kilometer, die ihr auf der Autobahn verbracht habt, das stundenlange Spülen, Aufräumen, Küche putzen, Rezepte probebacken, Korrekturlesen und natürlich Euer gnadenloses Feedback zu meinen Rezeptkreationen.

Ja, und dann gibt es noch ganz viele liebe Leser meines Blogs und Zuschauer meines YouTube-Kanals, die mir seit Jahren treu zur Seite stehen. Ihr habt das alles erst möglich gemacht. Ohne Euch und Eure Unterstützung würde es relleomein.de vielleicht nicht mehr geben und schon gar nicht dieses Buch!

Mir möchte ich auch danken: Für meine Leidenschaft, mein Durchhaltevermögen und für die Begeisterung meine Gedanken und Rezepte mit Euch zu teilen.

Ich möchte auch Ihnen danken! Ich freue mich, dass Sie auch die letzte Seite gelesen haben und freue mich darüber, wenn Sie mir auf Instagram #MixMitRelleomein zeigen, was Sie gebacken haben!

IMPRESSUM

Bibliografische Information der Deutschen Bibliothek.

Die Deutsche Bibliothek verzeichnet diese Publikation in der deutschen Nationalbibliografie.

Detaillierte bibliografische Daten sind im Internet über http://www.d-nb.de/abrufbar.

Die im Buch veröffentlichten Aussagen und Ratschläge wurden von Verfasserin und Verlag sorgfältig erarbeitet und geprüft. Eine Garantie für das Gelingen kann jedoch nicht übernommen werden, ebenso ist die Haftung der Verfasserin bzw. des Verlags und seiner Beauftragten für Personen-, Sach- und Vermögensschäden ausgeschlossen.

Bei der Verwendung im Unterricht ist auf dieses Buch hinzuweisen.

Verwendete Markennamen sind rechtlich geschützt und werden nur verwendet, soweit sie Bestandteile der Rezepte und Informationstexte sind. Die Rezepte und Informationstexte wurden von uns sorgfältig geprüft, eine Gewähr für die Vollständigkeit und Korrektheit kann aber nicht übernommen werden. Aus diesem Grund ist die Haftung für Schäden, die durch die Nutzung oder Nichtnutzung der dargebotenen Information entstehen, ausgeschlossen. Bitte beachten Sie die Anleitung und Anwendungshinweise der Gebrauchsanweisung Ihres Thermomixgeräts.

Thermomix ist eine registrierte Marke. Bei diesem Titel handelt es sich um kein offizielles Lizenzprodukt der Vorwerk Gruppe.

EIN BUCH DER EDITION MICHAEL FISCHER

1. Auflage 2017

Covergestaltung: Rebecca Leiner

Redaktion und Lektorat: Juliane Rottach

Layout und Satz: Rebecca Leiner, Mirjam Oppelt

Fotografie: Heike Niemoeller

Autorenporträt: Thomas Rizzi

ISBN 978-3-86355-747-8

Printed in Slovakia

www.emf-verlag.de